(주)로보로보 저

로블록스로 만드는
나만의
상상 놀이터
프로젝트편

YoungJin.com Y.
영진닷컴

로블록스로 만드는
나만의 상상 놀이터
프로젝트편

ISBN : 978-89-314-6795-6

독자님의 의견을 받습니다.

이 책을 구입한 독자님은 영진닷컴의 가장 중요한 비평가이자 조언가입니다. 저희 책의 장점과 문제점이 무엇인지, 어떤 책이 출판되기를 바라는지, 책을 더욱 알차게 꾸밀 수 있는 아이디어가 있으면 팩스나 이메일, 또는 우편으로 연락주시기 바랍니다. 의견을 주실 때에는 책 제목 및 독자님의 성함과 연락처(전화번호나 이메일)를 꼭 남겨 주시기 바랍니다. 독자님의 의견에 대해 바로 답변을 드리고, 또 독자님의 의견을 다음 책에 충분히 반영하도록 늘 노력하겠습니다.

이메일 : support@youngjin.com

주 소 : (우)08507 서울시 금천구 가산디지털1로 128 STX-V타워 4층 401호 (주)영진닷컴 기획1팀

등 록 : 2007. 4. 27. 제 16-4189호

파본이나 잘못된 도서는 구입하신 곳에서 교환해 드립니다.

STAFF

저자 ㈜로보로보 | **총괄** 김태경 | **기획** 최윤정 | **내지 디자인·편집** 박지은 | **표지 디자인** 김소연 | **영업** 박준용, 임용수, 김도현 | **마케팅** 이승희, 김근주, 조민영, 김민지, 김도연, 김진희, 이현아 | **제작** 황장협 | **인쇄** 제이엠

머리말

『로블록스로 만드는 나만의 상상 놀이터』 모델링편과 코딩편에서 기본기와 루아 코딩의 기초를 맛보았나요? 그럼 나의 실력을 발휘해 보는 시간도 가져 봐야겠죠?

『로블록스로 만드는 나만의 상상 놀이터』 프로젝트편에서는 다양한 도구 상자의 모델과 로블록스에서 제공하는 기본 맵으로 재미있는 게임을 만들어 보는 시간을 마련하였습니다.

로블록스는 여러 유저가 만들어 놓은 모델과 스크립트로 훌륭한 게임을 만들 수 있습니다. 게임의 규모와 제작자의 학습 상태도 중요하지만, 다른 게임 엔진과는 달리 보다 쉽게 접근할 수 있습니다.

로블록스 관련 서적들이 즐비하고 있지만 필자는 누구나 쉽게 따라 할 수 있도록 책을 만들고자 했습니다. 그리고 다양한 장르를 넣어 기초 과정, 중급 과정, 고급 과정까지 체험해 볼 수 있도록 구성하였습니다.

로블록스에 관심있는 친구들은 한번 따라 해 보기를 추천합니다. 그리고 나만의 게임을 만들고 출시하여 친구들과 즐기는 시간을 가져 보길 바랍니다.

목차

※ 본문 내 소스코드와 예제 파일 및 완성 파일은 영진닷컴 홈페이지에서 다운로드 받을 수 있습니다.
– 영진닷컴 홈페이지(www.youngjin.com) 〉 고객센터 〉 부록CD 다운로드 〉 도서명 검색

CHAPTER 1

로블록스 시작하기

로블록스는 자신만의 게임을 만들어 보고 싶은 사람들을 위한
무료 3D 온라인 플랫폼으로, 이 곳에서 상상력을 한껏 펼칠 수 있습니다.
내가 만든 게임을 전 세계 플레이어와 함께 플레이할 수 있고,
게임을 함께 만들 수도 있습니다. 또한, 가상현실 세계를 기반으로 다양한
게임에서 자신만의 캐릭터를 꾸미고 많은 친구들과
소통할 수도 있습니다. 로블록스에서는 '로블록스 스튜디오(Roblox Studio)'를
활용하여 점프 맵, 시뮬레이터 게임, FPS 게임, 스토리 게임 등 다양한
게임을 만들 수 있습니다. 자, 그럼 다 같이 로블록스의 바다로 빠져 볼까요?

로블록스 시작하기

로블록스는 게임을 플레이하기 위한 '로블록스 플레이어(Roblox Player)'와 게임을 제작하기 위한 '로블록스 스튜디오(Roblox Studio)'로 나뉩니다. 로블록스 플레이어는 웹 페이지에서 게임을 선택하면 자동으로 다운로드 및 설치가 되어 다른 사람이 만든 게임을 즐길 수 있습니다. 로블록스 스튜디오는 내가 게임을 직접 제작하고, 다른 친구들과 함께 개발할 수 있도록 도와주는 게임 개발 플랫폼입니다.

로블록스 스튜디오 설치 방법

01 로블록스 홈 화면 상단의 [만들기] 탭을 클릭하거나, 주소(https://www.roblox.com/create)를 직접 주소창에 입력해 로블록스 스튜디오에 접속합니다.

그림 1-1 로블록스 홈의 [만들기] 탭

02 [만들기] 탭에서 [체험 만들기]를 클릭하거나 주소에 접속하면 다음과 같은 화면이 나옵니다. [만들기 시작] 버튼을 클릭합니다.

그림 1-2 로블록스 스튜디오 사이트에 접속했을 때의 화면

 로블록스는 '크롬'에 최적화되어 있습니다. 되도록이면 크롬 브라우저의 사용을 추천합니다.

– 크롬 브라우저 다운로드:
https://www.google.co.kr/chrome

03 다운로드 창이 뜨면 클릭하여 로블록스 스튜디오를 다운로드하고 설치합니다.

그림 1-3 로블록스 스튜디오 다운로드 안내 창

04 이미 설치되어 있다면 아래와 같은 화면이 나옵니다. [Roblox 열기]를 클릭하여 스튜디오를 활성화합니다.

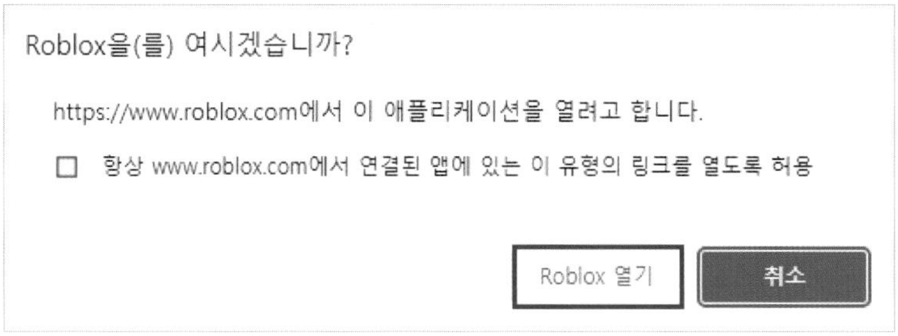

Roblox을(를) 여시겠습니까?

https://www.roblox.com에서 이 애플리케이션을 열려고 합니다.

☐ 항상 www.roblox.com에서 연결된 앱에 있는 이 유형의 링크를 열도록 허용

[Roblox 열기]   [**취소**]

그림 1-4 로블록스 스튜디오를 이미 설치했을 때의 안내 창

05 로블록스 스튜디오 설치가 완료되면 로그인할 수 있는 화면이 나타납니다. 사용자 이름과 비밀번호를 입력하고 [로그인]을 하면 스튜디오가 실행됩니다.

R⬛BL⬛X Studio

나만의 게임 만들기를 시작하세요!

사용자 이름
비밀번호

로그인

비밀번호를 잊으셨나요?

회원이 아니신가요? 가입

개인정보 처리방침

그림 1-5 로블록스 스튜디오 로그인 화면

로블록스 스튜디오 화면 알아보기

로블록스 스튜디오가 실행되면 제일 처음 템플릿 화면이 보입니다. 우리는 'Baseplate', 'Classic Baseplate' 템플릿을 가장 많이 사용합니다.

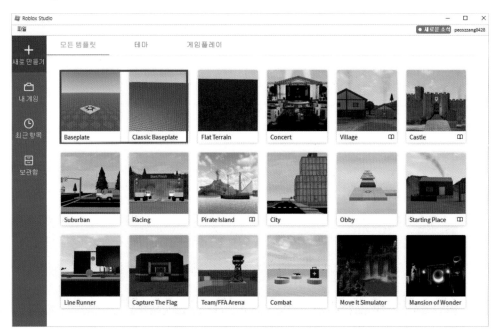

그림 1-6 로블록스 스튜디오 메인 화면

'Baseplate' 템플릿을 선택하여 로블록스 스튜디오의 기능을 알아보겠습니다.

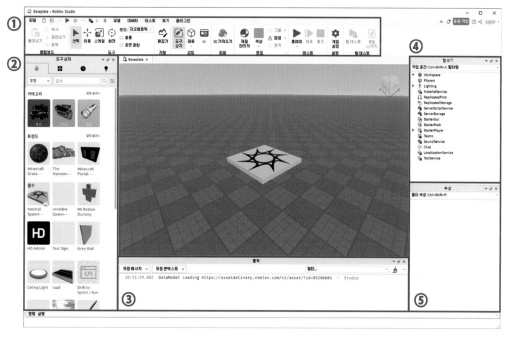

그림 1-7 로블록스 스튜디오 화면

① 메뉴 모음: [홈], [모델], [아바타], [테스트], [보기], [플러그인] 등 스튜디오에서 사용
　　　　　　 되는 메뉴 모음입니다.

② 도구 상자: 모델, 플러그인, 메시 등을 불러올 수 있습니다.

③ 출력 창: 출력(Output)을 보여 줍니다.

④ 탐색기 창: 게임에 있는 파트를 간단하게 정리해 놓은 내역을 볼 수 있는 창입니다.

⑤ 속성 창: 게임 제작에 사용되는 파트의 속성을 수정할 수 있는 창입니다.

NOTE

처음 스튜디오를 설치했다면 기본적으로 탐색기 창만 보입니다. 다른 메뉴들을 작업 화면에 배치하고 싶다면 [보기] 탭에서 '탐색기', '속성', '도구 상자' 등을 선택해 작업 화면에 배치할 수 있습니다.

그림 1-8 '탐색기', '속성', '도구 상자' 불러오기

파트(Part) 속성 알아보기

로블록스의 게임은 거의 파트로만 구성되어 있기 때문에 '파트(Part)'는 로블록스 게임을 만들 때 가장 중요한 개체입니다. 파트는 [홈] – [파트] 또는 [모델] – [파트]를 클릭해 기본 형태의 파트를 불러올 수 있습니다.

그림 1-9 파트 불러오기

파트는 블록(Block), 구(Sphere), 쐐기(Wedge), 코너 쐐기(Corner Wedge), 원통(Cylinder) 등이 있습니다. 로블록스 스튜디오에서 파트의 기본은 블록(Block)입니다. 파트를 클릭하면 블록 파트가 게임 편집 창에 생성됩니다.

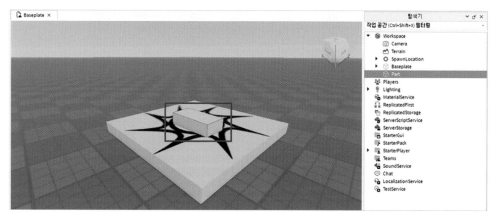

그림 1-10 파트가 추가된 모습

파트를 자유롭게 이동하고 싶을 때는 [홈] 또는 [모델]에서 ①[이동] 아이콘을 클릭하면 파트에 여러 방향의 화살표가 생성되고, 화살표를 클릭한 상태로 원하는 방향으로 드래 그하면 파트가 이동합니다.

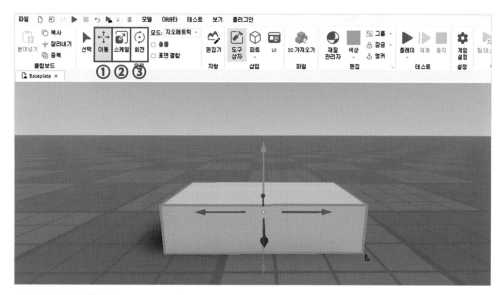

그림 1-11 파트 이동하기

파트의 크기를 조절하기 위해서는 그림 1-11의 ②[스케일] 아이콘을 선택합니다. 파트에 여러 색의 점이 생기는데, 마우스로 이 점을 클릭한 상태로 늘리고자 하는 방향으로 드래그하면 원하는 만큼 파트를 늘였다 줄였다 할 수 있습니다.

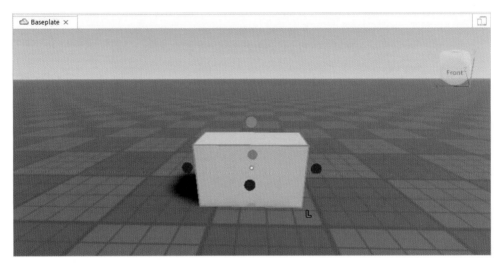

그림 1-12 파트 크기 변경하기

파트를 회전하는 방법은 그림 1-11의 ③[회전] 아이콘을 선택한 후, 생성된 여러 회전 궤도에서 회전하고자 하는 방향으로 드래그합니다.

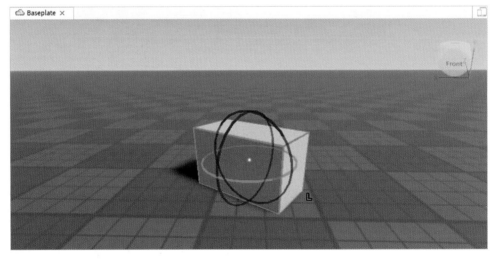

그림 1-13 파트 회전하기

파트의 이동, 크기 변경, 회전 등 기본적인 변경 외에 다양한 제약 조건들도 있습니다. 먼저, '충돌(Collisions)' 기능을 사용하여 파트의 이동 가능 여부를 설정할 수 있습니다. 충돌을 활성화하면 옆 파트와 서로 겹치지 않고, 충돌 활성화를 해제해야 파트끼리 서로 겹칠 수 있습니다.

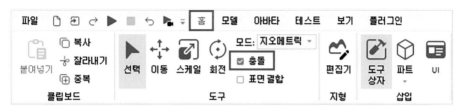

그림 1-14 충돌 설정하기

플레이를 했을 때 파트가 바닥으로 떨어지지 않도록 하기 위해서 파트를 고정시켜야 합니다. 파트를 고정하기 위해서는 고정할 파트를 선택한 후 [홈] 탭의 '앵커(Anchoring)'를 클릭합니다. 또 다른 방법으로는 파트를 선택한 후 [속성] 창 – 'Anchored'에서도 설정이 가능합니다. 그 외 다양한 기능들은 프로젝트를 진행하면서 함께 하나씩 학습하도록 하겠습니다.

그림 1-15 고정(앵커) 설정하기

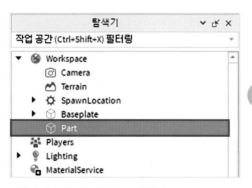

그림 1-16 속성 창에서 파트 고정하기

저장하기

프로젝트는 저장하고 게시하여 다른 사람들과 공유할 수 있습니다. 프로젝트를 저장하는 방법은 두 가지가 있습니다.

①[파일에 저장]을 선택하면 파일로 저장되고, ②[Roblox에 저장]을 선택하면 로블록스에 바로 저장됩니다. 이렇게 하면 작업이 로블록스 서버의 안전한 장소에 저장되어 다른 컴퓨터에서도 작업한 내용을 불러올 수 있습니다.

그림 1-17 로블록스 게임 저장

게임을 유저에게 공개하기 위해서는 ③[Roblox에 게시]를 해야 합니다. 로블록스 서버를 통해 게임을 공개하면 로블록스의 다른 플레이어가 게임을 플레이할 수 있습니다. [Roblox에 게시]를 클릭하면 그림 1-18과 같이 게임 게시 창이 나오고, 기본 정보에서 이름 및 내가 만든 게임에 대한 설명 등 다양한 정보를 넣을 수 있습니다.

그림 1-18 Roblox에 게시하기

플레이 테스트

플레이 테스트는 내가 만든 프로젝트가 잘 작동하는지 확인하기 위해 플레이를 해 보며 틀린 부분 또는 더 수정할 부분을 알아내는 과정입니다. [테스트] – [플레이]를 클릭하거나 [홈]에서도 플레이 버튼을 찾을 수 있습니다.

그림 1-19 플레이 테스트

TIP 내용 수정은 플레이를 중지한 후 해야 합니다. 플레이 상태에서는 저장이 되지 않습니다.

CHAPTER 2

방 탈출
게임

CHAPTER 2에서는 방 탈출 게임을 만들어 봅니다.
총 4단계로 이루어져 있으며 각 단계에서 제시되는 미션을 해결하여
비밀번호를 찾으면 방을 탈출할 수 있습니다.
다양한 미션들을 잘 생각해 보면서 만들어 보도록 하겠습니다.

방 탈출 게임 만들기

단계별 미션 구성하기

01 로블록스 스튜디오에서 [새로 만들기] – [Baseplate]를 선택합니다.

그림 2-1 로블록스 스튜디오 첫 화면

02 [탐색기] 창 – 'Workspace' – 'Baseplate'를 선택한 후 [속성] 창 – 'Size(크기)'를 X=70, Y=10, Z=450으로 변경합니다.

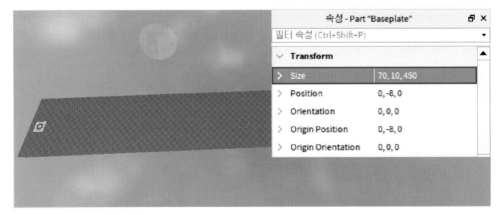

그림 2-2 'Baseplate' Size 변경하기

03 실습 파일에서 방 탈출 맵에 필요한 방을 불러온 후 Baseplate에 배치합니다.

파일명: 방 탈출 맵.rbxm

그림 2-3 방 탈출 맵에 파일 배치하기

모델 파일을 삽입하는 방법

1. 'Workspace'에 마우스 오른쪽 버튼을 클릭한 후 [파일에서 삽입]을 선택합니다.
2. PC에 저장되어 있는 파일을 선택하여 클릭하면 로블록스 스튜디오 화면에 삽입됩니다.

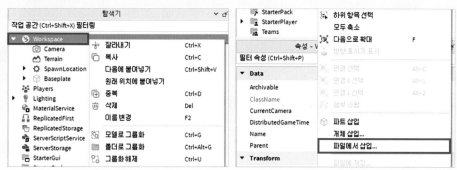

그림 2-4 모델 삽입하기

04 [홈] 탭 – [스케일]을 선택하여 방의 크기를 변경한 후 [회전]으로 비밀번호 문의 위치를 다음과 같이 변경합니다.

그림 2-5 방 탈출 맵 크기 변경하기

05 벽의 재질과 색상을 변경합니다. 먼저 [홈] 탭 – [재질 관리자]를 선택하여 벽의 재질을 [목재]로 선택합니다. 색상도 [홈] 탭 – [색상]에서 나무 재질에 맞춰 변경합니다.

그림 2-6 파트 재질 변경하기

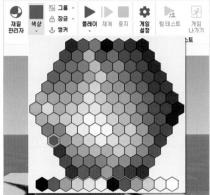

그림 2-7 파트 색상 변경하기

06 4개의 벽을 모두 클릭하여 재질과 색상을 변경합니다.

그림 2-8 재질 및 색상을 변경한 방 탈출 맵

07 첫 번째 방 이름을 'Step1'로 변경한 후, 이를 복제하여 두 번째 방을 만듭니다.

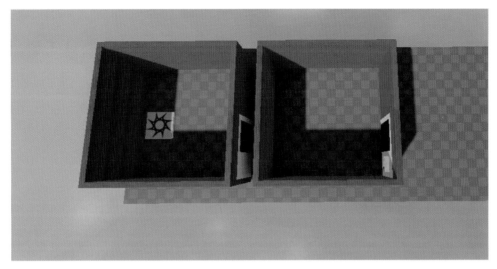

그림 2-9 방 탈출 모델 복제하기

08 두 번째 방을 'Step2'로 이름을 변경한 후, 그룹 내에 있는 파트 중에서 'Step1' 비밀 번호 문과 맞닿은 파트를 삭제합니다.

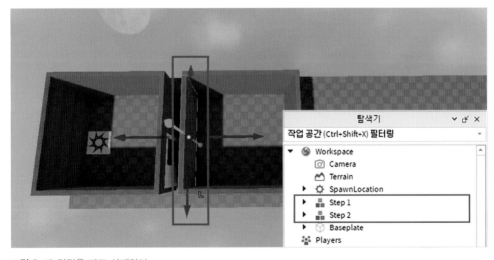

그림 2-10 맞닿은 파트 삭제하기

09 같은 방법으로 총 3~4개 방을 더 완성한 후 각 단계의 파트 재질과 색상을 변경하고 각 Step의 이름도 변경합니다.

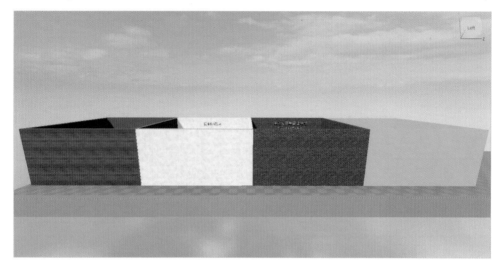

그림 2-11 복제 후 재질, 색상 변경하기

Step1 만들기

방 탈출 게임에서는 미션을 구현하는 것이 중요합니다. 이 책에서는 코딩을 최소화하여 구현할 수 있는 단계로 안내하겠습니다. 'Step1'에서는 미션이나 코딩 없이 'Surface GUI', 'TextLabel'을 활용하여 구현해 봅니다.

01 'Step1'의 벽을 구성하는 파트 중 1개를 선택합니다. 벽 파트를 선택할 때는 [탐색기] 창의 'Step1'에서 선택합니다.

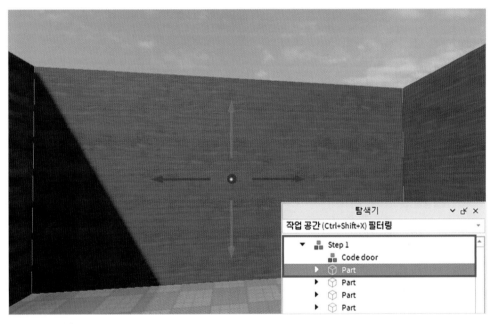

그림 2-12 그룹화된 파트 일부 선택하기

02 선택한 파트에 마우스를 올린 후 '+'를 선택하고 'SurfaceGui'를 추가합니다.

그림 2-13 'SurfaceGui' 개체 추가하기

03 'SurfaceGui'의 '+'를 선택하고 'TextLabel'을 추가합니다.

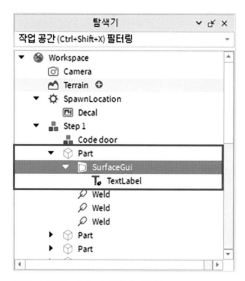

그림 2-14 'TextLabel' 개체 추가하기

04 'TextLabel'이 'Step1' 벽에 부착된 것을 확인할 수 있습니다.

그림 2-15 'TextLabel' 생성 완료

05 'TextLabel'을 벽 중앙에 배치하기 위해 [속성] 창에서 'Size'를 변경합니다. X, Y의 'Offset'은 '0'으로, 'Scale'은 모두 '1'로 변경합니다.

속성 - TextLabel "TextLabel"	
필터 속성 (Ctrl+Shift+P)	
Parent	SurfaceGui
› Position	{0, 0},{0, 0}
Rotation	0
⌄ Size	{1,0},{1, 0}
⌄ X	1, 0
Scale	1
Offset	0
⌄ Y	1, 0
Scale	1
Offset	0

그림 2-16 'TextLabel' Size 변경하기

06 'TextLabel'의 크기를 변경하면 벽 전체로 크기가 변경된 것을 확인할 수 있습니다.

그림 2-17 'TextLabel' 변경 완료된 모습

07 'TextLabel'의 배경을 투명하게 만들기 위해서는 [속성] 창의 'Data' – 'Background Transpareny'에서 투명도를 '1'로 변경합니다.

그림 2-18 배경을 투명하게 설정하기

08 [속성] 창의 'Text' – 'TextScaled'를 활성화하면 텍스트 크기가 라벨 크기에 맞게 비율이 조정됩니다.

그림 2–19 'TextScaled' 변경하기

09 [속성] 창의 'Text' – 'TextColor3'에서 텍스트 색상을 변경할 수 있고, 'Font'에서 폰트도 변경할 수 있습니다. 자유롭게 변경해 보세요.

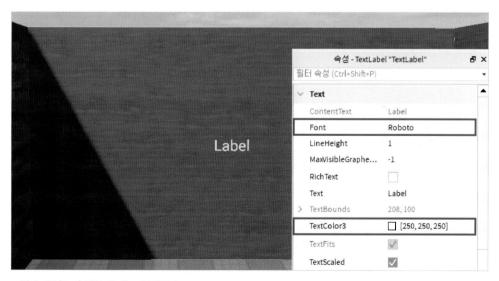

그림 2–20 'Text' 색상 및 폰트 변경하기

10 [속성] 창의 'Text'에서 텍스트를 수정하여 미션 텍스트를 완성합니다. 만약 텍스트가 벽에 가득 차 보이지 않는다면 [탐색기] 창에서 'SurfaceGui'를 선택한 후, [속성] 창에서 'Sizing' − 'PixelsPerStud'를 수정합니다.

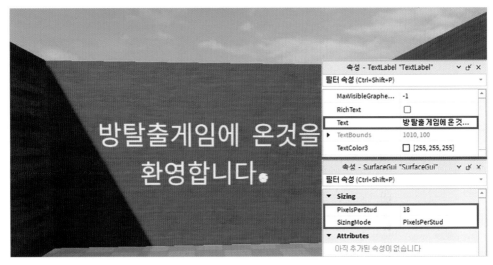

그림 2-21 'SurfaceGui'의 'PixelsPerStud' 조절하기

11 같은 방법으로 비밀번호를 알려 주는 텍스트도 완성해 보도록 합니다.

그림 2-22 텍스트 변경하기

NPC 만들기

각 단계마다 미션을 소개하거나, 미션 지킴이를 하고 있는 NPC를 만들어 보겠습니다.

01 [도구 상자] – [모델]에서 'NPC'를 검색하여 마음에 드는 NPC를 선택합니다. NPC
에는 스크립트가 있는 것과 없는 것이 있습니다. 가급적 스크립트가 없는 NPC로
선택합니다.

그림 2-23 도구 상자에서 NPC 검색하기

02 NPC 이름을 '.'으로 변경한 후 'Step1'으로 이동합니다. 변경은 [탐색기] 창에서 파트 이름 바꾸기로 할 수 있습니다.

그림 2-24 NPC 이름 변경하기

03 NPC 머리에 안내하는 말풍선을 만들어 보겠습니다. 먼저 [홈] – [파트] – [블록]을 생성한 후 모양을 다음과 같이 변경합니다.

그림 2-25 파트 생성하기

04 [탐색기] 창에서 생성한 파트의 '+'를 선택하여 'SurfaceGui'를 생성한 후 'TextLabel'을 생성합니다.

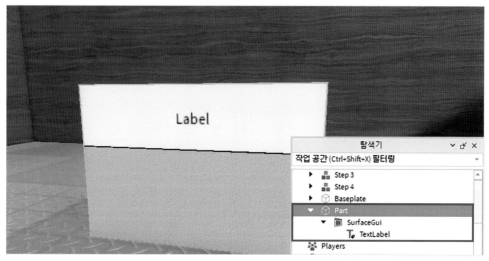

그림 2-26 'SurfaceGui' 생성하기

05 'TextLabel'을 파트 중앙에 배치하기 위해 [속성] 창에서 'Size'를 변경합니다. X, Y의 'Offset'은 '0'으로, 'Scale'은 모두 '1'로 변경합니다.

	속성 - TextLabel "TextLabel"	
필터 속성 (Ctrl-Shift-P)		
Parent	SurfaceGui	
> Position	{0, 0},{0, 0}	
Rotation	0	
∨ Size	{1, 0},{1, 0}	
∨ X	1, 0	
Scale	1	
Offset	0	
∨ Y	1, 0	
Scale	1	
Offset	0	

그림 2-27 'TextLabel' Size 변경하기

06 'TextLabel'의 배경을 투명하게 만들기 위해서 [속성] 창의 'Data' – 'Background Transpareny'를 '1'로 변경합니다.

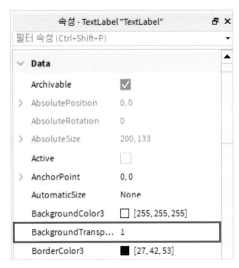

그림 2-28 'BackgroundTranspareny'로 배경 투명하게 만들기

07 파트를 투명하게 만들기 위해서 [탐색기] 창에서 'Part'를 선택한 후 [속성] 창에서 'Appearance' – 'Transparency'를 '1'로 변경합니다.

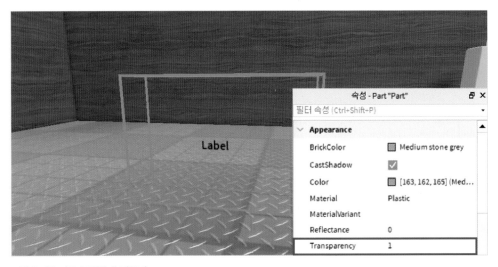

그림 2-29 파트 투명하게 만들기

08 'TextLabel'에서 텍스트 색상을 변경한 후, NPC가 하고 싶은 말로 텍스트 내용을 변경합니다. 'TextStrokeTransparency'를 '0'으로 설정하면 텍스트에 테두리가 생성되어 더 선명해 보입니다.

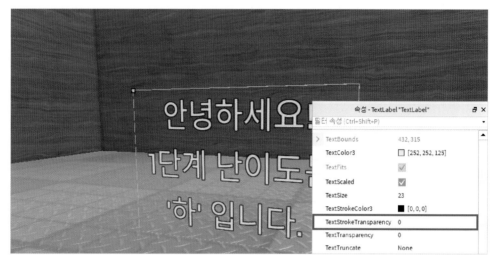

그림 2-30 텍스트 테두리 색상 변경하기

09 파트의 이름을 'TextBalloon'으로 변경한 후 'NPC' 개체의 'Head' 파트로 이동합니다.

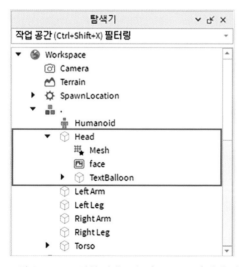

그림 2-31 NPC 하위 카테고리로 'TextBalloon' 개체 이동하기

10 'NPC' 머리 위에 텍스트가 위치할 수 있도록 'TextBalloon' 파트를 배치합니다.

그림 2-32 NPC와 어울리도록 텍스트 배치하기

비밀번호 설정하기

각 단계마다 비밀번호를 바꾸어 보도록 하겠습니다. 비밀번호는 미션을 성공할 때 획득할 수 있고, 획득한 번호를 키패드에 입력하면 문이 사라져서 다음 단계로 이동할 수 있습니다. 여기서는 비밀번호를 변경하기 위한 코드를 직접 작성하지 않고, 비밀번호만 변경하면 사용할 수 있도록 기존 코드를 사용하도록 하겠습니다. 비밀번호를 입력하여 실행되는 코드는 다음과 같습니다. 스크립트 코드는 'Step1' − 'Code door' − 'KeyPad' − 'MasterScript'에 있습니다.

```
Code = "0000" --비밀번호를 수정해 주세요
Input = " "    --입력 받기

--Clear key가 감지되면 입력된 내용이 초기화됩니다
function Clear()
print("Cleared")
Input = ""
end
script.Parent.Clear.ClickDetector.MouseClick:connect(Clear)

--Enter key가 감지되면 비밀번호와 맞는지 확인합니다
function Enter()
if Input == Code then
print("Entered")
Input = ""

--비밀번호가 맞으면 문이 열립니다
local door = script.Parent.Parent.Door

door.CanCollide = false
door.Transparency = 0.8
wait(3)
door.Transparency = 0
door.CanCollide = true

--비밀번호가 틀리면 경고 코드가 출력됩니다
return end
Input = ""
print("Wrong Code")
end
script.Parent.Enter.ClickDetector.MouseClick:connect(Enter)

--0부터 9까지 번호key를 입력받으면 클릭한 번호를 출력합니다
function Click0()
Input = Input..0
print("0")
```

```
end
script.Parent.B0.ClickDetector.MouseClick:connect(Click0)

function Click1()
Input = Input..1
print("1")
end
script.Parent.B1.ClickDetector.MouseClick:connect(Click1)

function Click2()
Input = Input..2
print("2")
cnd
script.Parent.B2.ClickDetector.MouseClick:connect(Click2)

function Click3()
Input = Input..3
print("3")
end
script.Parent.B3.ClickDetector.MouseClick:connect(Click3)

function Click4()
Input = Input..4
print("4")
end
script.Parent.B4.ClickDetector.MouseClick:connect(Click4)

function Click5()
Input = Input..5
print("5")
end
script.Parent.B5.ClickDetector.MouseClick:connect(Click5)

function Click6()
Input = Input..6
print("6")
end
```

```
script.Parent.B6.ClickDetector.MouseClick:connect(Click6)

function Click7()
Input = Input..7
print("7")
end
script.Parent.B7.ClickDetector.MouseClick:connect(Click7)

function Click8()
Input = Input..8
print("8")
end
script.Parent.B8.ClickDetector.MouseClick:connect(Click8)

function Click9()
Input = Input..9
print("9")
end
script.Parent.B9.ClickDetector.MouseClick:connect(Click9)
```

위 코드는 난이도에 맞게 수정하였습니다. 우리는 첫 줄만 수정해서 사용합니다. 각 단계마다 비밀번호만 바꿔서 사용하면 됩니다.

스크립트(Script)

```
Code = "2323"  --비밀번호를 수정해 주세요
Input = " "    --입력 받기
```

Step1이 완성되었습니다. 플레이를 실행하여 비밀번호를 클릭하면 문이 열리는지 확인합니다.

그림 2-33 Step1 완료된 모습

Step2 만들기

Step2에서는 4개의 수학 문제를 맞히면 비밀번호를 얻을 수 있도록 미션을 제작해 보겠습니다. 'SurfaceGui'를 활용하여 문제를 제작하고 수학 문제를 순서대로 해결하면 정답이 비밀번호가 되도록 설정합니다.

01 'Step1'에서 NPC의 머리에 만들었던 말풍선과 같은 방법으로 파트를 만들고 Gui를 제작한 후 다음과 같이 텍스트를 입력합니다.

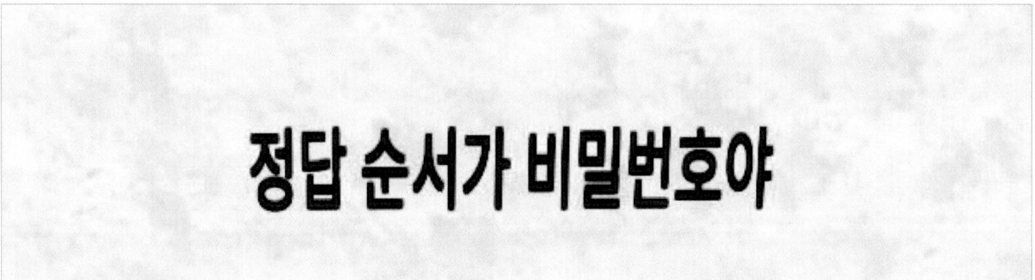

정답 순서가 비밀번호야

그림 2-34 Step2 'Quiz' Gui 제작하기

02 파트를 4개 복제하여 'Step2' 개체에 정리합니다. 파트 이름을 'QUIZPart'로 변경한 후, 'TextLabel'의 텍스트를 변경하여 문제를 제작합니다.

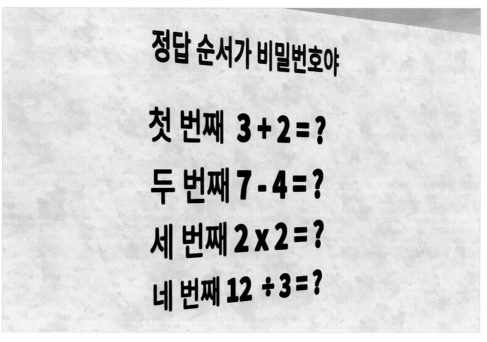

그림 2-35 'QUIZPart' 제작하기

그림 2-36 Step2 'QUIZPart'의 파일 위치 및 파일명 변경하기

03 'Step1'에 있는 NPC를 복제하여 'Step2'에 정리한 후, 말풍선을 수정합니다.

그림 2-37 NPC 'TextBalloon' 수정하기

04 수학 문제 정답의 순서에 맞게 스크립트를 'Step2'의 비밀번호로 수정합니다. 스크립트 경로는 'Step1'과 동일합니다.

스크립트(Script)

```
Code = "5344" --비밀번호를 수정해 주세요
Input = " "    --입력 받기
```

Step3 만들기

Step3에서는 특정 파트를 터치하면 파트가 투명해지면서 번호가 나타나고 작은 수부터 차례로 비밀번호를 입력하면 방을 탈출할 수 있도록 제작하겠습니다.

01 'Step3' 방에 실습 파일을 불러온 후 바닥에 배치합니다.
파일명: 비밀번호 발판.rbxm

그림 2-38 실습 파일 불러오기

02 [홈] – [파트] – [블록]을 생성하여 크기를 발판의 격자 크기로 변경합니다. 블록을 복제하여 같은 모양의 파트 16개(4×4)를 만들어서 아래와 같이 비밀번호가 있는 발판을 가려 줍니다.

그림 2-39 파트 생성하여 복제하기

03 16개의 파트와 비밀번호 발판을 '모델로 그룹화'한 후 이름을 '발판'이라고 변경합니다.

그림 2-40 모델로 그룹화

04 구별하기 쉽도록 비밀번호 숫자가 있는 파트만 다른 색상으로 변경합니다. 게임의 난이도를 더 높이려면 색상을 동일하게 해도 무방합니다.

그림 2-41 파트 색상 변경하기

05 플레이어가 숫자가 있는 파트를 터치하면 파트가 사라지면서 숫자를 확인할 수 있도록, 색상을 변경한 파트에 스크립트를 추가하고 아래와 같이 코드를 작성합니다. 숫자를 가리고 있는 다른 파트에도 스크립트를 복제하여 플레이어가 파트를 터치하면 번호를 확인할 수 있도록 합니다.

스크립트(Script)

```
local Part = script.Parent

local function buttonPressed( )      --파트를 터치하면 실행하는 함수를 설정합니다
    Part.Transparency = 1            --플레이어가 파트를 터치하면 투명해지고 충돌이 해제됩니다
    Part.CanCollide = true
end

Part.Touched:Connect(buttonPressed)
```

06 'Step3'의 비밀번호를 수학 문제 정답의 순서에 맞게 스크립트를 수정합니다. 스크립트 경로는 'Step1'과 동일합니다.

스크립트(Script)

```
Code = "3479" --비밀번호를 수정해 주세요
Input = " "    --입력 받기
```

07 'Step1'에서 NPC의 머리에 만들었던 말풍선과 같은 방법으로 문제 Gui를 제작한 후 텍스트를 입력합니다.

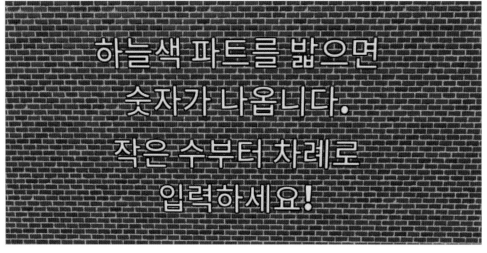

그림 2-42 문제 Gui 텍스트 입력하기

08 'Step1'에 있는 NPC를 복제한 후, 말풍선을 수정합니다.

그림 2-43 NPC 'TextBalloon' 수정하기

Step4 만들기

Step4에서는 다양한 NPC를 배치한 후 발판을 터치하면 NPC 머리 위에 비밀번호가 나타날 수 있도록 하겠습니다.

01 도구 상자에서 'NPC'를 검색하여 다양한 종류의 NPC를 배치합니다.

그림 2-44 도구 상자에서 NPC 검색하여 배치하기

02 실습 파일에서 플레이어가 터치할 파트를 불러와 NPC 앞에 배치합니다.

파일명: Step4_발판.rbxm

그림 2-45 'Step4_발판' 실습 파일 배치하기

03 NPC의 머리에 만들었던 말풍선과 같은 방법으로 'Sign1'을 제작한 후, [속성] 창에서 'Transparency(투명도)'를 '1'로 변경하여 파트가 보이지 않게 합니다.

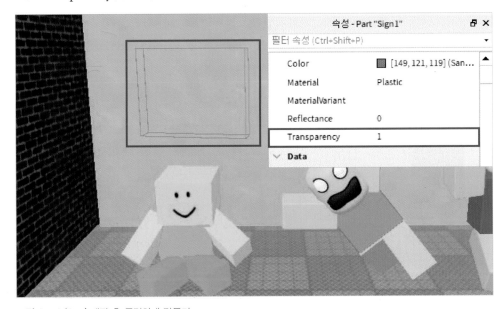

그림 2-46 'Sign' 제작 후 투명하게 만들기

04 플레이어가 발판을 터치하면 NPC 머리 위에 비밀번호가 나타나도록 'button1' 파트에 스크립트를 생성하고 아래와 같이 코드를 작성합니다.

스크립트(Script)

```
local button1 = script.Parent
--비밀번호가 저장되는 위치 생성
local Sign1 = game.Workspace.Step4.Sign1.SurfaceGui.SIGN

--휴머노이드가 발판을 터치하는지 확인하는 함수 생성
local function buttonPressed()
    Sign1.TextTransparency = 0          --발판을 터치하면 Sign1 파트의 비밀번호가 보임
    wait(5)                             --5초 동안 비밀번호가 보임
    Sign1.TextTransparency = 1          --비밀번호가 투명해지도록 설정
end

button1.Touched:Connect(buttonPressed)
```

05 남은 3개의 NPC에도 'Sign1'과 'button1'을 복제합니다.

그림 2-47 'button', 'Sign' 파트 복제하기

06 [탐색기] 창에서 복제한 파트의 이름을 순서에 맞게 변경합니다.

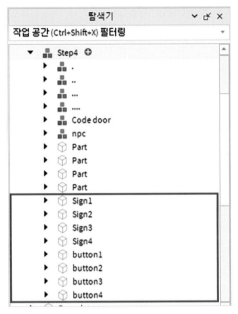

그림 2-48 파트 이름 변경하기

07 복제한 'button' 파트의 스크립트를 다음과 같이 수정합니다.

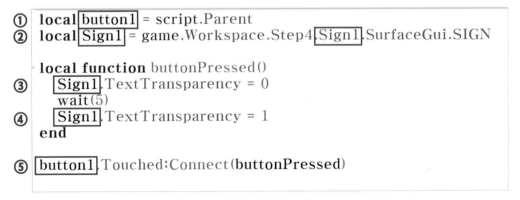

```
① local button1 = script.Parent
② local Sign1 = game.Workspace.Step4.Sign1.SurfaceGui.SIGN

  local function buttonPressed()
③     Sign1.TextTransparency = 0
      wait(5)
④     Sign1.TextTransparency = 1
  end

⑤ button1.Touched:Connect(buttonPressed)
```

그림 2-49 스크립트 코드 수정하기

	button1	button2	button3	button4
①	button1	button2	button3	button4
②	Sign1	Sign2	Sign3	Sign4
③	Sign1	Sign2	Sign3	Sign4
④	Sign1	Sign2	Sign3	Sign4
⑤	button1	button2	button3	button4

그림 2-50 스크립트 코드 수정하기 2

08 각 'Sign' 파트의 'TextLabel'을 선택 후, [속성] 창에서 'Name'을 'SIGN'으로 변경하고, 'Text'를 순서대로 3, 7, 4, 5로 변경합니다. 또한, 'TextStrokeTransparency'와 'TextTransparency'를 모두 1로 변경하여 숫자가 화면에 보이지 않도록 합니다.

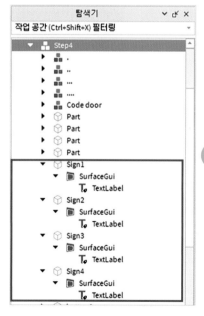

그림 2-51 'TextLabel' 텍스트 변경하기

09 비밀번호 순서에 맞게 스크립트를 수정합니다. 스크립트 경로는 'Step1'과 동일합니다.

스크립트(Script)

```
Code = "3745"  --비밀번호를 수정해 주세요
Input = " "    --입력 받기
```

10 'Step3'에 있는 NPC를 복제한 후, 말풍선을 수정합니다.

그림 2-52 NPC 'TextBalloon' 수정하기

게임 게시하기

나의 첫 게임이 완성되었습니다. 내가 만든 게임을 친구들과 함께 즐기기 위한 방법을 알아보도록 하겠습니다.

01 지금까지의 작업물을 저장하기 위해 [파일] – [Roblox에 저장]을 클릭합니다. 아래와 같은 저장 화면이 나오면 게임의 이름을 정한 후 [저장] 버튼을 클릭합니다.

그림 2-53 게임 저장하기

02 내가 만든 게임을 공개하기 위해서 [홈]-[게임 설정]을 클릭합니다. 게임 설정 창에서 [권한]-[플레이 가능 여부]-[공개]를 선택한 후 [저장]을 클릭합니다.

그림 2-54 공개/비공개 선택하기

03 완성된 Obby 게임을 게시하기 위해 [파일]-[Roblox에 게시]를 클릭합니다.

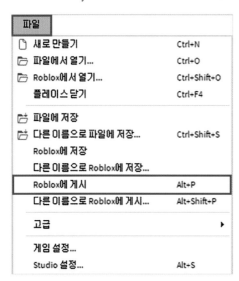

그림 2-55 [Roblox에 게시] 선택하기

04 로블록스 홈페이지에서 [만들기]를 클릭하면 내가 만든 작품들이 있습니다. 여기에서 공개할 작품을 선택한 후 왼쪽 카테고리에서 [기본 설정]을 선택합니다. '개인정보 처리방침'을 [공개]로 선택한 후 [변경 사항 저장]을 클릭하면 내가 만든 작품이 공개로 변경됩니다.

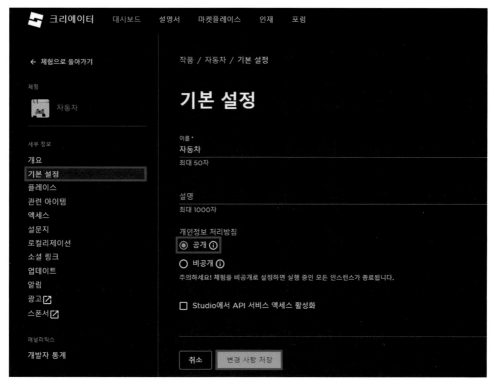

그림 2-56 '개인정보 처리방침' 변경

05 공개 모드 설정 후 'Start Place'를 선택하면 새로운 페이지가 생성됩니다.

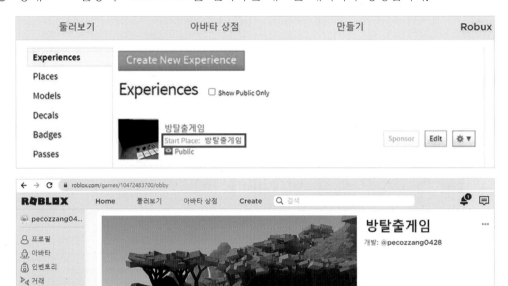

그림 2-57 공개 모드 설정한 게임

06 주소 창에 있는 주소를 복사하여 내가 만든 게임을 친구들에게 공유해 보세요.

그림 2-58 게임 주소 링크 공유하기

CHAPTER 3

Obby 게임

CHAPTER 3에서는 로블록스 게임을 해 본 친구들이라면 누구나
해 본 경험이 있는 Obby 게임을 직접 만들어 보는 시간을 가져보겠습니다.
다양한 모델을 이용하여 장애물을 만들고,
디자인도 하면서 나만의 Obby 게임을 완성하여 출시해 봅니다.

Obby 게임 만들기

Obby 게임이란?

로블록스에서 '오비(Obby)'는 장애물을 통과하는 게임을 말합니다. 캐릭터가 처음 나타나는 '스폰 로케이션(Spawn Location)'에서 시작해 목적지까지 도착하는 과정에 다양한 장애물이 존재합니다. 장애물을 피하고, 안전한 블록을 밟아 목적지에 도착하는 게임입니다.

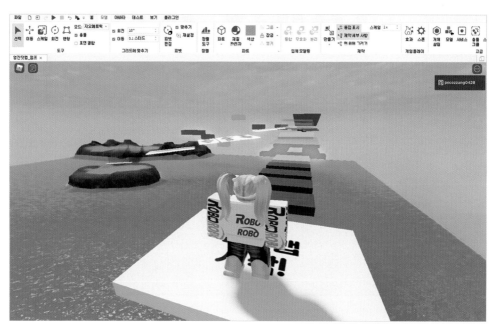

그림 3-1 Obby 게임

로블록스 홈페이지에서 검색창에 'Obby'를 검색하면 다양한 게임이 나옵니다.

그림 3-2 로블록스 홈페이지 'Obby' 검색

다양한 Obby 게임을 해 보면서 어떤 부분이 잘 만들어져 있는지, 다른 사람이 만든 Obby 게임에서 어떤 부분이 부족한지 생각해 볼 수 있습니다. 그러면 나만의 게임을 더 잘 기획할 수 있겠죠?

Obby 게임 기본 맵 구성하기

Obby 게임을 만들기 위한 기본 맵을 제작해 보겠습니다. 기본 맵이 제작되면 게임에 생동감을 줄 수 있는 장애물도 제작해 보겠습니다.

먼저 지형을 만들어 봅니다. 로블록스에서는 다양한 지형을 만들 수 있는 '툴(Tool)'을 제공합니다. 지형, 흙, 잔디, 모래, 물, 나무 등 여러 가지를 내가 원하는 대로 설정하여 만들 수 있습니다.

01 로블록스 스튜디오의 [새로 만들기] – [Classic Baseplate]를 선택합니다.

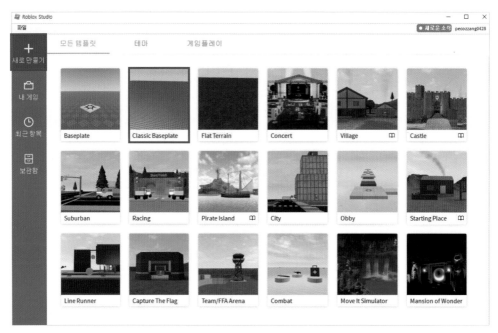

그림 3-3 로블록스 스튜디오 메인 화면

02 Obby의 지형을 만들기 위해 [홈] – [지형 편집기]를 클릭하면 작업 화면에 지형 편집기 창이 생성됩니다.

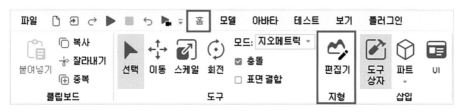

그림 3-4 [지형 편집기] 선택

03 지형 편집기 창에서 새로운 지형을 생성할 수 있고, 다양한 생물군을 만들 수 있습니다. 메뉴 탭에서 [편집]을 선택하면 다양한 기능이 나옵니다. [해수면]을 선택합니다.

그림 3-5 지형 편집기 메뉴 탭

04 해수면을 선택하면 하단에 [맵 설정]이 나타납니다. 크기를 'X, Y, Z' 순서대로 '512, 100, 512'로 설정한 후 [만들기]를 클릭합니다.

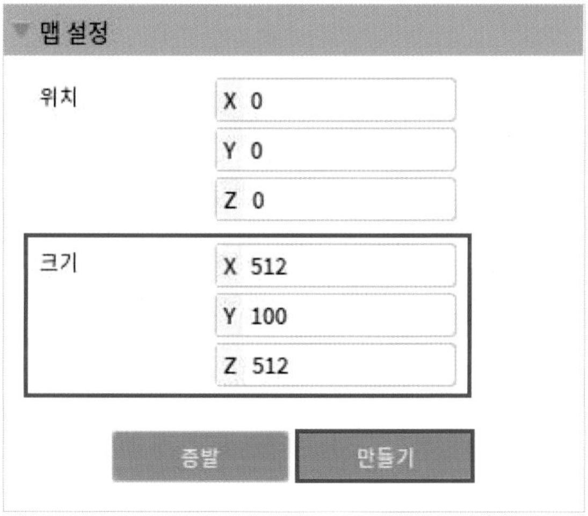

그림 3-6 해수면 맵 크기 설정

05 완성된 해수면의 모습입니다. [플레이] 버튼을 클릭하면 플레이어가 별다른 코딩 없이도 자유롭게 키보드로 바다를 헤엄칠 수 있습니다.

그림 3-7 완성된 해수면과 플레이어가 헤엄치는 모습

06 [지형 편집기] – [편집] – [추가]를 선택한 후 [재질 설정]에서 잔디 또는 모래를 선택하여 나만의 섬을 만들어 봅니다. 총 3개 이상의 섬을 제작합니다. 섬을 만들 때 브러시 설정에 따라 섬을 섬세하게 또는 간단하게 표현할 수 있습니다. 자유롭게 섬을 완성해 보세요.

그림 3-8 지형을 생성하기 위한 방법

07 섬이 만들어지면 지형 편집기 창에서 '높이기', '낮추기', '평탄화' 등 다양한 편집 기능을 활용하여 섬을 수정합니다.

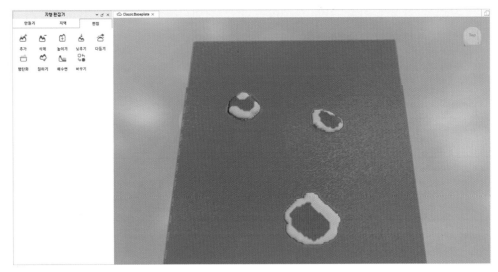

그림 3-9 지형 편집기를 사용하여 섬 만들기

08 게임이 시작될 섬을 지정한 후 [지형 편집기] – [편집] – [높이기]를 사용하여 언덕을 만들고, [낮추기]를 사용하여 물이 흘러내려 바다로 다시 갈 수 있도록 물줄기 통로를 만듭니다.

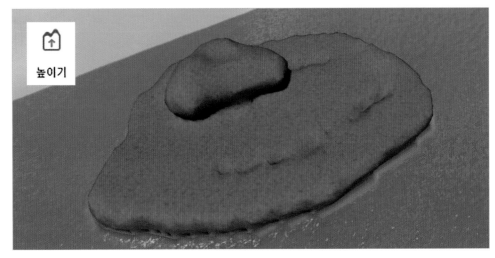

그림 3-10 [지형 편집기] – [편집] – [높이기]를 사용하여 꾸민 모습

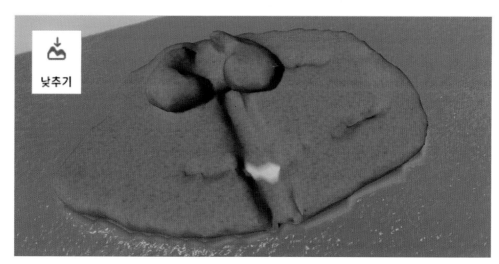

그림 3-11 [지형 편집기] – [편집] – [낮추기]를 사용하여 꾸민 모습

09 [지형 편집기] – [지역] – [선택]을 사용하여 물줄기를 만들어 보겠습니다. [선택]을 클릭한 후 원하는 영역을 드래그합니다. 영역 선택이 완료되면 [채우기]를 선택하여 [재질 설정]에서 [물]을 선택하고 [채우기]를 클릭합니다.

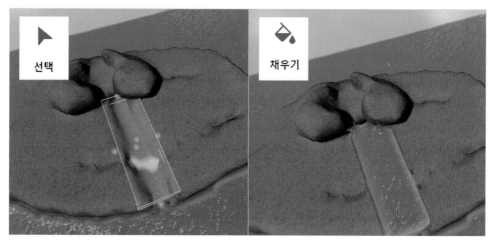

그림 3-12 [지형 편집기] – [지역] – [선택 / 채우기] 사용하여 꾸민 모습

10 섬의 연못에서 흐르는 물줄기가 자연스럽게 보이도록 다른 영역도 작업해 완성합니다.

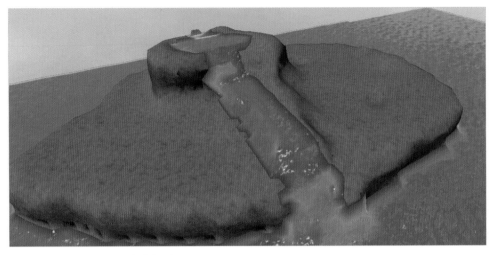

그림 3-13 섬의 호수와 물줄기 완성 모습

11 [홈] – [도구 상자] 또는 [보기] – [도구 상자]에서 섬에 어울리는 [모델]을 선택하여 섬에 배치해 봅니다.

그림 3-14 도구 상자 선택 방법

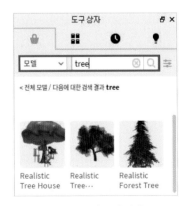

그림 3-15 도구 상자 모델 검색

그림 3-16 도구 상자를 활용하여 꾸민 완성 모습

TIP
도구 상자에서 불러온 모델 중 같은 종류의 모델은 [탐색기] 창에서 '폴더' 또는 '그룹'으로 묶어서 개체들을 정리해 줍니다.

12 [도구 상자] – [모델]에서 'bridge'를 검색하여 골짜기를 건널 수 있는 다리를 배치합니다.

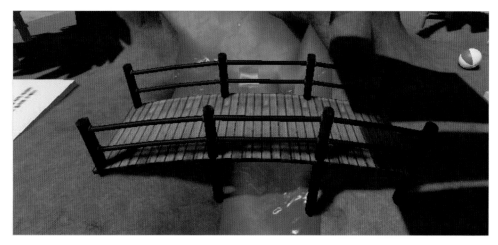

그림 3-17 도구 상자에서 다리 배치

NOTE

도구 상자 알아보기

로블록스 스튜디오의 도구 상자는 로블록스 사용자들이 자신이 만든 개체를 공유하는 곳입니다. 도구 상자를 잘 활용하면 쉽고 빠르게 월드를 구축할 수 있는 장점이 있습니다. 도구 상자에는 로블록스에서 제작한 모델, 이미지, 메시 등 다양한 개체들을 올려 놓기도 하고, 로블록스 사용자들이 직접 만들어 올려 둔 개체들도 있습니다. 하지만 로블록스 사용자들이 올려 놓은 개체들 중 악의적인 의도를 가지고 바이러스를 심어 두는 경우도 있으므로 유의하기 바랍니다.

[도구 상자에서 개체를 사용하는 방법]

1. 도구 상자에서는 영문으로 검색해야 합니다. 한글로도 개체 검색이 가능하지만 다양한 개체를 얻기는 어렵습니다.

2. 개체 선택 시 '좋아요' 수가 많은 것을 사용하는 것이 안전합니다.

3. 도구 상자에서는 [모델], [이미지], [메시], [오디오], [비디오], [플러그인]을 사용할 수 있습니다. 오디오에는 여러 종류의 음악이 있어서 월드에 생동감을 줄 수 있습니다.

그림 3-18 도구 상자에서 가져올 수 있는 개체들

Obby 출발점 만들기

Obby를 시작하기 위한 발판을 만들고, 그 발판을 플레이어가 터치하면 Obby 게임이 시작하는 곳으로 이동하도록 해 보겠습니다.

01 도구 상자에서 'arrow' 모델을 검색해서 Obby로 이동할 안내 발판을 둘 위치에 배치합니다. 실습 파일에서 'foothold' 모델을 가져와 배치합니다.

파일명: foothold(발판).rbxm

그림 3-19 'arrow' 모델과 'foothold' 모델

02 발판을 터치했을 때 이동할 'GameStart' 파트를 실습 파일에서 가져와 공중에 배치하여 Obby 게임을 공중에서 진행할 수 있도록 합니다. [탐색기] 창에서 'Arrow', 'foothold', 'GameStart' 파트를 선택 후 'Start' 폴더로 그룹화를 합니다.

파일명: GameStart.rbxm

그림 3-20 실습 파일에서 가져온 'GameStart' 모델

TIP 고정(Anchored)되어 있지 않는 파트는 플레이를 하면 바닥으로 떨어집니다. 파트는 고정해 줍니다.

[고정하는 방법]

1. [홈] 탭 – [앵커] 클릭

2. [탐색기] 창 – 고정할 파트 선택 – [속성] 창 – [Anchored] 체크

03 플레이어가 발판을 터치하면 Obby 게임을 시작할 수 있는 파트로 이동하도록 스크립트를 추가합니다. 먼저 'Start' 폴더의 'foothold' 파트에 스크립트를 추가하고 아래와 같이 코드를 입력합니다. MoveTo 함수를 사용하여 플레이어가 'foothold'에 닿으면 'GameStart'로 이동할 수 있게 합니다.

스크립트(Script)

```
local foothold = script.Parent

--MoveTo 함수: 플레이어 캐릭터를 순간 이동하는 함수
local function MoveTo(onTouch)
    local humanoid = onTouch.Parent:FindFirstChild("Humanoid")
    if humanoid then
        onTouch.Parent:MoveTo(game.Workspace.Start.GameStart.Position)
    end
end

--foothold 파트에 humanoid가 닿으면 MoveTo 함수 실행
foothold.Touched:Connect(MoveTo)
```

Obby Step1 만들기

Obby 출발을 했나요? 그럼 Step1을 구상하고 만들어 보겠습니다. Step1은 처음에는 가볍게 파트로만 구성해서 점프할 수 있도록 하고 게임 중에 떨어지면 게임을 처음부터 하는 것이 아니라 중간부터 시작할 수 있도록 '체크포인트(Check point)'를 설정해 봅니다.

01 [탐색기] 창에서 'Workspace'의 '+' 클릭하여 폴더를 생성한 후, 폴더 이름을 'Step1'으로 변경합니다. 그리고 앞으로 제작하는 파트는 'Step1'에 넣어 작업합니다.

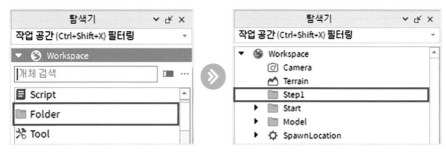

그림 3-21 폴더 생성 방법

02 [홈] – [파트] – [블록]을 클릭하여 Step1에서 점프할 파트를 3~4개 생성합니다. 파트를 배치한 후 색상과 재질도 다양하게 변경합니다(파트의 모양은 블록/구/원통 등 다양한 종류로 배치해 보세요).

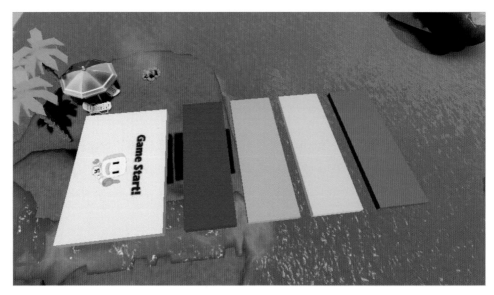

그림 3-22 Step1 파트 구성

NOTE

파트의 재질을 변경하는 방법이 바뀌었어요

1. [홈] – [재질 관리자]를 선택하면 재질을 변경할 수 있는 '재질 관리자' 창이 생성됩니다.

그림 3-23 재질 관리자 메뉴

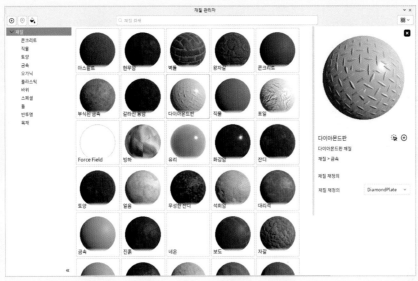

그림 3-24 재질 관리자 창

2. 원하는 재질을 선택한 후, 선택한 재질에서 화살표를 클릭하거나 상단 왼쪽에 있는 페인트 모양 툴을 클릭한 후 파트를 마우스로 클릭하면 재질이 변경됩니다.

그림 3-25 재질 설정 방법

03 중간부터 출발하기 위한 체크포인트를 제작합니다. 실습 파일에서 '체크포인트'를 불러와 배치합니다. 실습 파일에서 가져온 체크포인트에는 스크립트도 삽입되어 있어 편리하게 사용할 수 있습니다.

파일명: 체크포인트.rbxm

그림 3-26 체크포인트 모델 배치

TIP 도구 상자에서 불러온 모델들은 자유롭게 이름 및 크기 변경 등이 가능합니다.

Obby Step2 만들기

Step1은 어땠나요? 자, 이번에는 난이도를 조금 높여 플레이어가 파트를 밟으면 파트가 천천히 사라지는 Obby를 만들어 보겠습니다.

01 [홈] – [파트] – [블록]을 화면에 배치한 후 [도구 상자] – [메시]에서 'Garry's Mod: Hotdog' 메시를 선택합니다.

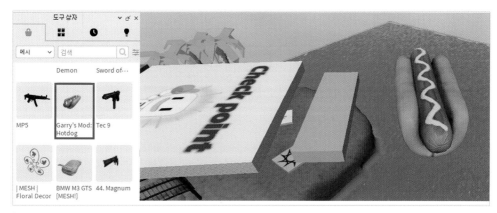

그림 3-27 도구 상자 메시 검색 방법

02 파트의 크기를 메시의 크기와 비슷하게 조정합니다. 그렇게 해야 메시의 ID를 복사했을 때 비슷한 크기로 변경됩니다.

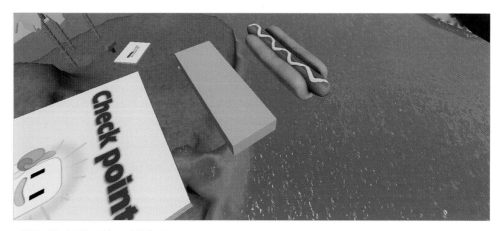

그림 3-28 파트와 메시 크기 맞추기

03 도구 상자에서 불러온 메시를 사용하기 위해 [탐색기] 창 – 'Part'를 선택한 후 '+'를 클릭하여 파트 안에 추가할 개체를 검색합니다. 'SpecialMesh'를 선택하면 파트 아래에 하위 개체로 삽입됩니다.

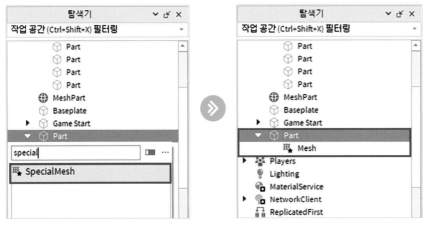

그림 3-29 파트 개체에 'SpecialMesh' 추가

그림 3-30 개체 삽입 후 파트 모양

04 [탐색기] 창에서 'Meshes/hotdog'를 선택하고 [속성] 창에서 'MeshId'를 복사한 후, [탐색기] 창에서 'Mesh'를 선택하여 [속성] 창의 'MeshId'에 붙여 넣습니다.

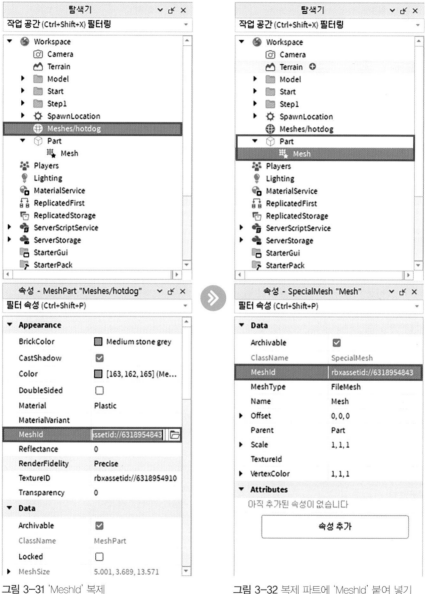

그림 3-31 'MeshId' 복제   그림 3-32 복제 파트에 'MeshId' 붙여 넣기

05 메시의 텍스처까지 복제하기 위해 'Meshes/hotdog'의 [속성] 창에서 'TextureID'를
복사하여 'Mesh'의 [속성] 창에서 'TextureID'에 붙여넣기합니다.

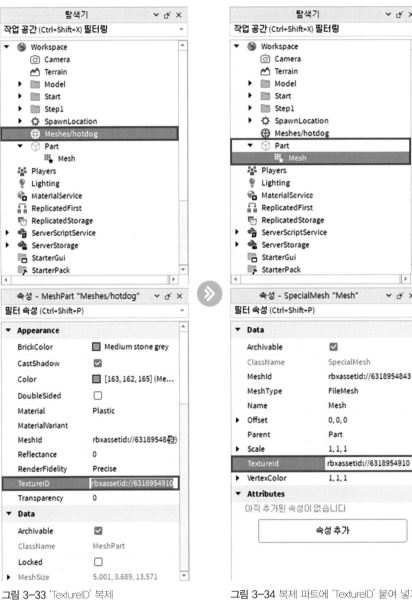

그림 3-33 'TextureID' 복제   그림 3-34 복제 파트에 'TextureID' 붙여 넣기

06 메시의 형태와 텍스처가 복제되면 'Meshes/hotdog' 파트는 삭제합니다.

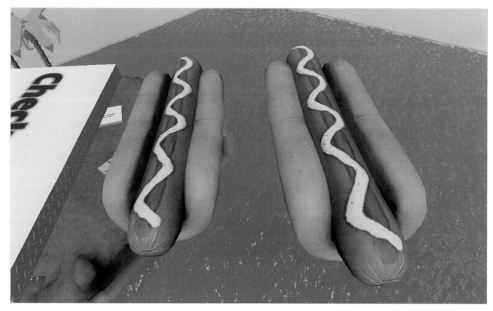

그림 3-35 복제 완료된 후

07 'Workspace'에 폴더를 생성한 후 폴더명을 'Step2'로 변경합니다. 앞서 만든 파트를 이동하여 파트 이름을 'disappear'로 변경합니다.

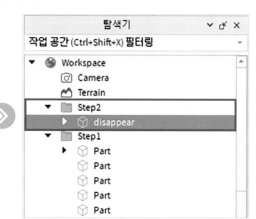

그림 3-36 'Step2' 폴더 생성 후 파트 이름 변경

08 플레이어가 'disappear' 파트를 밟으면 파트가 사라지면서 플레이어가 바닥으로 떨어지도록 스크립트를 추가하여 코딩합니다. 플레이어가 파트를 터치할 경우 한번에 사라지는 것이 아니라, for문을 사용하여 10단계에 거쳐 서서히 사라지도록 아래와 같이 코드를 작성합니다.

스크립트(Script)

```
local Part = script.Parent
local isTouched = false

function disappear( )                              --사라지는 함수를 설정합니다
     if not isTouched then
          isTouched = true
          for count = 1, 10 do
               Part.Transparency = count / 10     --파트에 닿으면 10에서 1만큼 순차적으로 투명
                                                     해집니다
               wait(0.1)
          end
          Part.CanCollide = false
          wait(3)
          Part.CanCollide = true
          Part.Transparency = 0                    --3초 후 다시 파트가 불투명해집니다
          isTouched = false
     end
end

Part.Touched:Connect(disappear)
```

09 코드까지 완성된 'disappear' 파트를 3~4개 복제하여 Step2를 완성합니다. 파트 이름은 1, 2, 3···.으로 순차적으로 변경합니다.

그림 3-37 'disappear' 파트 복제하기

Item Zone 만들기

미션을 수행할 때마다 아이템을 획득할 수 있는 존을 만들어 보겠습니다.

01 사라지는 파트를 통과한 후 '아이템(Item) 파트'에 플레이어가 닿으면 아이템을 획득할 수 있도록 [홈] – [파트]를 클릭하여 파트를 생성합니다.

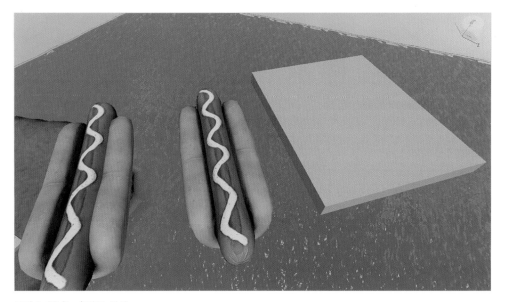

그림 3-38 'Item' 파트 생성

02 'Workspace'에 'Item' 폴더를 만들고, 파트를 'Item' 폴더로 이동한 후 파트 이름을 'item1'로 변경합니다.

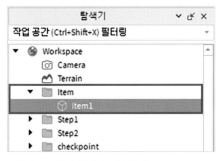

그림 3-39 폴더 생성과 이름 변경

03 [도구 상자] – [이미지]에서 'item'을 검색한 후 원하는 이미지를 가져와서 'Decal'로 만들어 아이템 파트임을 표시합니다. 이미지가 위에서 보일 수 있게 하려면, 이미지를 선택 후 [속성] 창에서 'Face' – 'Top'으로 변경합니다.

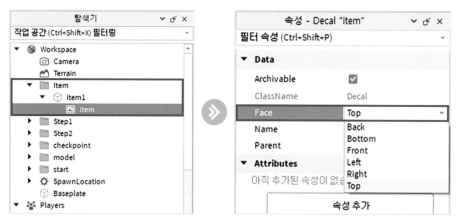

그림 3-40 'Decal' 설정 방법

그림 3-41 'Decal' 설정 완료

04 실습 파일에서 'robo_key' 파트를 가져와 다음과 같이 배치합니다. 'robo_key' 개체 안에는 스크립트가 포함되어 있어서 별도의 코딩을 하지 않고 배치만 해도 작동하 도록 되어 있습니다. 불러온 모델은 'Item' 폴더로 이동합니다.

파일명: robo_key.rbxm

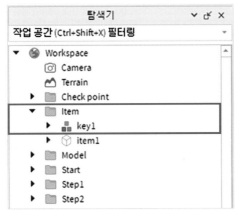

그림 3-42 아이템 모델 배치

Obby Step3 만들기

Step2에서 아이템을 획득하였나요? 그럼 이번엔 플레이어가 가만히 있으면 미끄러져 바 닷속으로 빠지도록 개체를 생성하고 코딩을 해 보겠습니다. Step3 미션을 통과하면 아이 템을 획득할 수 있도록 아이템도 만들어 보겠습니다.

01 [홈] – [파트] – [블록]을 화면에 배치한 후 파트의 크기를 다음과 같이 변경합니다.

그림 3-43 'Step3' 파트 만들기

02 [도구 상자] – [이미지] – [arrow]를 검색하여 마음에 드는 이미지를 선택한 후 이미지를 파트 위에 배치합니다.

그림 3-44 'arrow' 이미지 삽입

03 '이미지(Decal)'를 배치한 후 [탐색기] 창을 보면 'Part' 하위에 배치된 것을 확인할 수 있습니다. 배치한 후 이미지가 보이지 않는다면 이미지를 선택한 후 [속성] 창 – 'Face' – 'Top'으로 변경합니다.

그림 3-45 이미지 배치 설정 방법

04 이미지(Decal) 배치가 완료되면 'Workspace'에 'Step3' 폴더를 생성하고, 복제한 파트를 이동하여 파트 이름을 'Conveyor1'로 변경합니다.

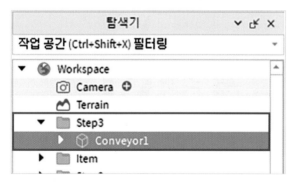

그림 3-46 'Step3' 폴더 생성 / 파트 이름 변경

05 [탐색기] 창에서 'Conveyor1'의 '+'를 선택하여 'Script'를 추가한 후, 플레이어가 'Conveyor1' 파트를 터치하면 화살표 방향으로 미끄러질 수 있도록 코드를 다음과 같이 작성합니다.

스크립트(Script)

```lua
local conveyor = script.Parent
while true do
    --파트에 닿은 플레이어가 오른쪽으로 이동합니다
    conveyor.AssemblyLinearVelocity = conveyor.CFrame.RightVector *5
    wait(0.1)
end
```

TIP

1. 위 코드는 파트가 움직이는 것이 아니라 파트에 닿은 플레이어가 이동하는 코드입니다.

2. 숫자 값이 높을수록 컨베이어가 빠르게 움직입니다. 게임의 난이도에 맞춰 속도는 조절할 수 있습니다.

3. 화살표 파트를 회전해서 방향을 바꾸더라도, 스크립트의 'RightVector'를 변경할 필요는 없습니다. 이미지만 회전된 것이 아니라 파트의 X축도 같이 회전하였기 때문에, 화살표 이미지 방향대로 플레이어가 이동합니다.

06 'Conveyor1' 파트를 복제하여 다양한 방향으로 회전하여 Obby를 만들어 봅니다.

그림 3-47 'Conveyer' 파트 배치 및 꾸미기

07 'Check point'을 복제하여 Step3의 체크포인트를 생성합니다. 편리한 방법으로 사용해 보세요. 배치가 완료되면 파트 이름을 'Check point1', 'Check point2'로 변경하고 'Check point' 폴더로 그룹화합니다.

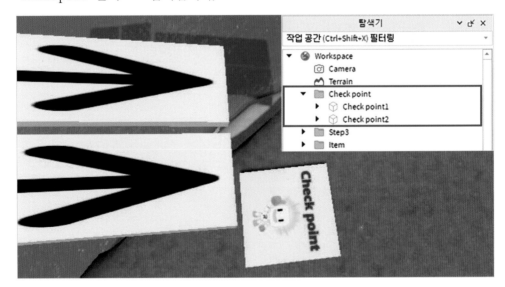

그림 3-48 체크포인트를 배치한 모습

08 Step1과 마찬가지로 아이템 획득 Zone를 만들어 보겠습니다. 'item1'을 복제 후 두 번째 섬에 배치하여, Conveyor에서 내려오면 체크포인트에 플레이어가 닿고 그 후 아이템을 획득하도록 만듭니다.

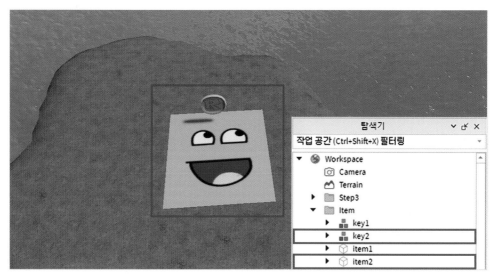

그림 3-49 아이템 배치

Obby Step4 만들기

Step4에서는 파트를 터치하면 숨겨져 있던 다리가 나타나고 플레이어의 '스피드(Speed)'가 빨라져 다리를 제한 시간 내에 건널 수 있도록 만들어 보겠습니다.

01 [홈] – [파트] – [블록]을 화면에 배치한 후 파트의 크기를 다음과 같이 변경합니다.

그림 3-50 파트 생성

02 [도구 상자] – [이미지]에서 마음에 드는 이미지를 선택한 후 이미지를 파트 위에 배치합니다. 파트를 터치하면 플레이어의 속도가 빨라지도록 하기 위한 파트이기 때문에, 가급적 스피드와 연관된 이미지를 삽입합니다.

그림 3-51 [도구 상자] – [이미지] 선택

03 섬과 섬을 건널 수 있도록 실습 파일에서 다리 파일을 불러와 배치합니다.

파일명: Bridge.rbxm

그림 3-52 다리 모델 배치

04 'Workspace'에 'Step4' 폴더를 생성하고, 앞서 배치한 파트를 이동하여 파트 이름을 'Speed', 'Bridge'로 변경합니다.

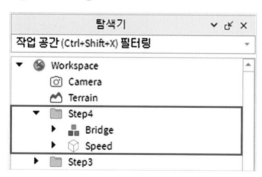

그림 3-53 파트 이름 변경

05 'Speed' 파트를 터치하였을 때 다리가 나타나면서 플레이어의 이동 속도가 빨라지도록 하기 위해 다리를 투명하게 변경합니다. 'Bridge' 파트를 선택한 후 [속성] 창에서 'Transparency(투명도)'를 '0.8'로 변경합니다.

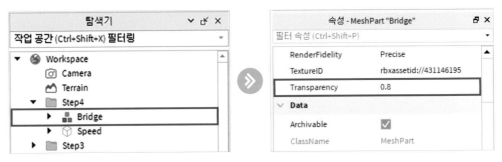

그림 3-54 'Bridge' 파트 투명도 설정

그림 3-55 'Bridge' 파트 투명도 설정 후

06 플레이어가 'Speed' 파트를 밟으면 투명한 다리가 보이고, 플레이어의 속도가 빨라
지도록 'Speed' 파트에 스크립트를 추가하여 코딩합니다.

스크립트(Script)

```
local Speed = script.Parent
local Bridge = game.Workspace.Step4.Bridge          --코드가 실행될 장소


Speed.Touched:Connect(function(touched)             --함수 설정하기
    local character = touched.Parent
    --플레이어가 닿을 때만 실행하도록 합니다.
    local humanoid = character:FindFirstChild('Humanoid')

    if humanoid then
        humanoid.WalkSpeed = 50                      --걷는 속도가 50으로 증가합니다
        Bridge.Transparency = 0
        Bridge.CanCollide = true
        wait(5)
        humanoid.WalkSpeed = 16                      --걷는 속도가 원래대로 돌아갑니다
        Bridge.Transparency = 0.7
        Bridge.CanCollide = false
    end
end)
```

07 Step4의 체크포인트를 제작합니다 'Check point1'을 복제하여 체크포인트를 생성합니다. 배치가 완료되면 파트 이름을 'Check point3'으로 변경합니다.

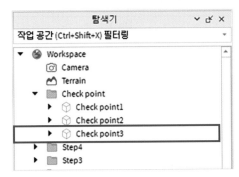

그림 3-56 'Check point3' 생성하기

그림 3-57 'Check point3' 파트 배치하기

08 Step3와 마찬가지로 아이템 획득 Zone를 만들어 보겠습니다. 'item1'과 'key1'을 복제 후 세 번째 섬에 배치하여, 다리를 건너면 아이템을 획득할 수 있도록 합니다. 배치한 후 파트 이름을 변경합니다.

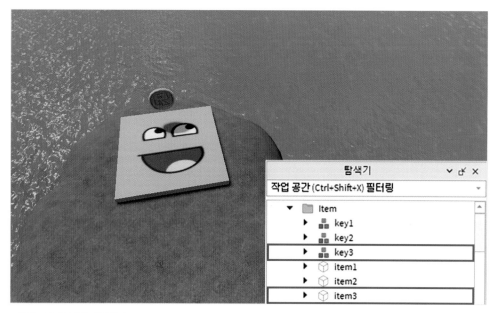

그림 3-58 아이템 배치하기

Obby Step5 만들기

이제 고지에 다 왔습니다. Step5에서는 갈래 길을 만들어 '충돌(CanCollide)'이 해제된 파트를 지나가면 바다에 빠지고, 두 번째 파트를 밟으면 다음 파트가 생성되어 이동할 수 있도록 만들어 봅니다. 마지막으로 물리 기능을 사용하여 섬에 도착할 수 있는 파트를 제작하여 'Obby'를 완성하겠습니다.

01 [홈] – [파트] – [블록]을 화면에 배치한 후 파트의 크기를 다음과 같이 변경합니다.

그림 3-59 파트 배치하기

> **TIP** 파트를 제작할 때 바닥에 있는 파트가 아닌 것들은 모두 고정(Anchored)해야 합니다! 잊지 마세요.

02 파트를 더 생성하여 다음과 같은 모양의 다리를 제작합니다. 색상 및 재질도 변경합니다.

그림 3-60 다리 완성 후 색상, 재질 변경하기

03 파트를 전체 선택한 후 [모델] 탭 – [그룹(Group)]을 선택하여 그룹화합니다. 그룹화된 파트 이름을 'Tow Road'로 변경합니다. 'Workspace'에 'Step5' 폴더를 생성한 후 'Tow Road' 개체를 폴더 안에 넣습니다.

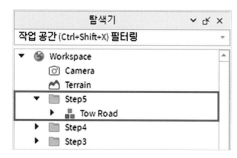

그림 3-61 파트를 그룹화하고 이름 변경하기

04 'Tow Road' 개체의 갈래 중 1개를 선택한 후, [속성] 창에서 'CanCollide(충돌)'를 해제하여 플레이어가 해제된 곳으로 걸어가면 바다에 빠지도록 만듭니다.

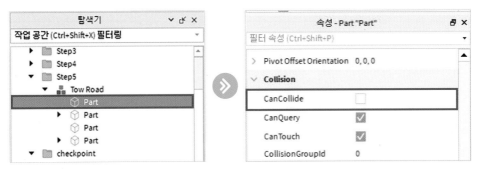

그림 3-62 'CanCollide' 해제하기

05 이번에는 파트를 밟으면 다음 파트가 나타나서 이동할 수 있도록 하겠습니다. 먼저 [홈] 탭 – [파트]를 생성하여 다음과 같이 배치한 후 색상과 재질을 변경합니다.

그림 3-63 파트 만들기

06 파트를 복제하여 플레이어가 순서대로 터치할 수 있도록 배치합니다. 회전 기능을 사용하여 파트를 아치형으로 배치해 봅니다.

그림 3-64 파트 배치하기

07 파트 이름을 'stair1~6'으로 변경하고 'stair2~6' 파트를 선택한 후, [속성] 창에서 'Transparency(투명도)'를 '0.8'로 변경합니다.

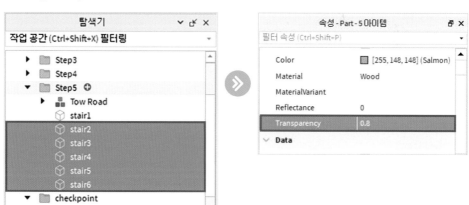

그림 3-65 파트 이름 변경, 투명도 설정하기

그림 3-66 투명도를 변경한 파트 모습

08 'stair1' 파트를 밟으면 'stair2' 파트의 투명도가 '0'으로 바뀌며 색상도 변경되고, 3초 후 다시 파트의 투명도가 '0.8'이 되어 플레이어가 바다에 빠지도록 'stair1' 파트에 스크립트를 생성하여 코드를 작성합니다.

스크립트(Script)

```
local stair1 = script.Parent
local stair2 = game.Workspace.Step5.stair2

local function buttonPressed()
    stair1.BrickColor = BrickColor.Red( )
    stair2.Transparency = 0
    stair2.CanCollide = true
    wait(3)
    stair1.BrickColor = BrickColor.new("New Pink")
end

stair1.Touched:Connect(buttonPressed)
```

09 'stair2~5' 파트도 'stair1' 파트 스크립트 코드를 복제한 후 변수명과 변경되는 파트 색상을 다음과 같이 수정합니다. 아래 표시된 부분을 각 파트별 스크립트에 수정하여 입력합니다.

스크립트(Script)

```
① local stair2 = script.Parent
② local stair3 = game.Workspace.Step5.stair3

  local function buttonPressed()
    ③ stair2.BrickColor = BrickColor.new("Deep orange")④
    ⑤ stair3.Transparency = 0
    ⑥ stair3.CanCollide = true
      wait(3)
    ⑦ stair2.Transparency = 1
    ⑧ stair2.CanCollide = false
  end

⑨ stair2.Touched:Connect(buttonPressed)
```

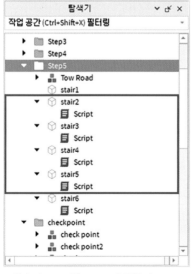

그림 3-67 스크립트 코드 수정하기

	stair 2	stair3	stair4	stair5
①	stair 2	stair 3	stair 4	stair 5
②	stair 3	stair 4	stair 5	stair 6
③	stair 2	stair 3	stair 4	stair 5
④	Deep orange	New Yeller	Dark green	Dark blue
⑤	stair 3	stair 4	stair 5	stair 6
⑥	stair 3	stair 4	stair 5	stair 6
⑦	stair 2	stair 3	stair 4	stair 5
⑧	stair 2	stair 3	stair 4	stair 5
⑨	stair 2	stair 3	stair 4	stair 5

10 stair 파트의 마지막 파트인 'stair6'를 터치하였을 때는 더 이상 색상을 변경할 파트가 없기 때문에 스크립트 코드 내용이 다릅니다. 스크립트를 생성하여 아래와 같이 코드를 작성합니다.

스크립트(Script)

```
local stair6 = script.Parent

local function buttonPressed()
    stair6.BrickColor = BrickColor.new("Eggplant")
    wait(3)
    stair6.Transparency = 1
    stair6.CanCollide = false
end

stair6.Touched:Connect(buttonPressed)
```

11 두 개의 파트에 힌지(Hinge)를 연결하여 회전하는 파트를 만들어 보겠습니다. [홈] – [파트]를 생성하여 배치한 후, 파트 이름은 'R_base'로 변경합니다. 'R_base' 파트를 고정(Anchored)하여 파트가 아래로 떨어지지 않도록 합니다.

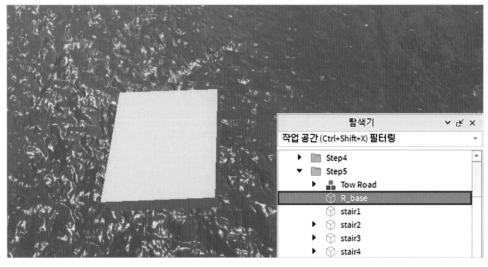

그림 3-68 회전 파트 만들기

12 'R_base' 파트 위에 파트를 한 개 더 배치하여 회전하는 상판을 만들어 줍니다. 파트를 배치한 후 이름을 'R_face'로 변경합니다. 'R_face' 파트는 고정(Anchored)하면 움직이지 않기 때문에 고정하지 않습니다.

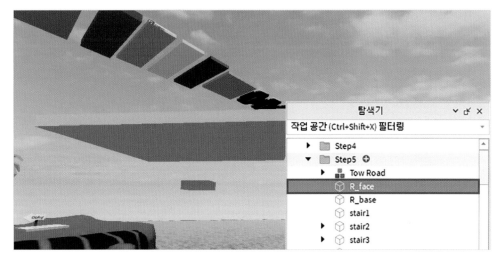

그림 3-69 회전 파트 이름 변경하기

13 [모델] – [만들기] – [힌지]를 선택합니다. 힌지 첫 번째는 아래 'R-base'에 부착하고 두 번째는 'R_face'에 부착합니다.

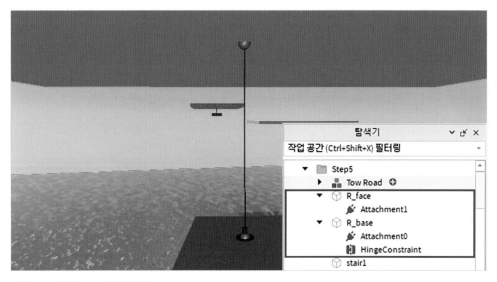

그림 3-70 '힌지(Hinge)' 부착하기

14 [탐색기] 창에서 'HingeConstraint'를 선택한 후 [속성] 창에서 'ActuatorType(힌지의 타입)'을 'Motor(모터)'로 변경합니다.

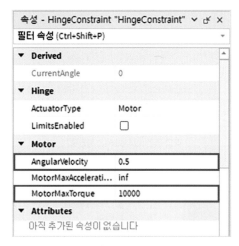

그림 3-71 힌지(Hinge) 타입 설정하기

15 'Motor'로 변경하면 아래에 'Motor'의 값을 입력할 수 있는 메뉴가 생성됩니다. 먼저 'AngularVeloctiy(모터의 속도)'를 '0.5'로 변경하고 'MotorMaxTorque(모터 회전력)'을 '10000'으로 변경합니다(모터의 속도는 0.1~1 사이로 자유롭게 변경해 보세요. 값이 올라가면 속도가 빨라집니다).

그림 3-72 힌지(Hinge) 속성 변경하기

16 실습 파일에서 'robo_5050' 이미지 파일을 불러와 'R-face' 파트에 삽입합니다. 이미지 삽입 후 상단에 이미지가 보이지 않는다면 [속성] 창의 'Face'를 'Top'으로 설정합니다.

파일명: robo_5050.png

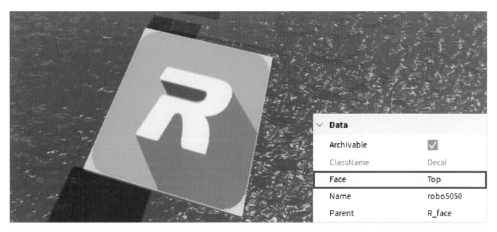

그림 3-73 이미지 삽입하기

17 마지막으로 [홈] - [파트] - [블록]을 선택하여 파트를 삽입한 후 크기를 변경하여, 회전하는 파트에서 이동할 수 있도록 합니다. 마지막 파트에서 목적지에 닿을 수 있을 정도의 길이로 크기를 정합니다. 위아래로 움직이는 파트이기 때문에, 회전하는 파트와 서로 부딪히지 않도록 파트를 약간 아래로 이동시켜 배치합니다.

그림 3-74 파트 생성하기

18 파트의 이름을 'R_spin'으로 변경하고 플레이했을 때 파트가 아래로 떨어지지 않도록 고정(Anchored)합니다.

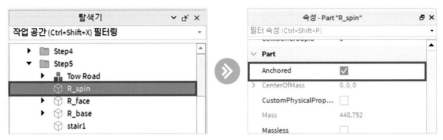

그림 3-75 파트 이름 변경 후 고정하기

19 'R_spin' 파트가 위아래로 움직일 수 있도록, 스크립트를 생성하여 아래와 같이 코드를 작성합니다.

스크립트(Script)

```lua
local part = script.Parent
local incr = 1

while true do
    for deg = -10, 10, incr do
        part.CFrame = CFrame.new(part.Position) * CFrame.Angles(math.rad(deg), 0, 0)
        wait(0.1)
    end

    for deg = 10, -10, incr do
        part.CFrame = CFrame.new(part.Position) * CFrame.Angles(math.rad(deg), 0, 0)
        wait(0.1)
    end
end
```

20 실습 파일에서 '깃발' 개체를 가져와 배치합니다.

파일명: 깃발.rbxm

그림 3-76 도착 모델 배치하기

Kill 파트 만들기

01 로블록스에서는 바다에 빠지면 플레이어가 죽지 않고 계속 바닷속을 헤엄칠 수 있습니다. Obby에서 바다로 떨어지면 플레이어가 죽고 다시 새롭게 게임을 시작할 수 있도록 만들어 보겠습니다. [홈] – [파트] – [블록]으로 맵 크기의 파트를 생성한 후, 해수면 아래에 위치시킵니다.

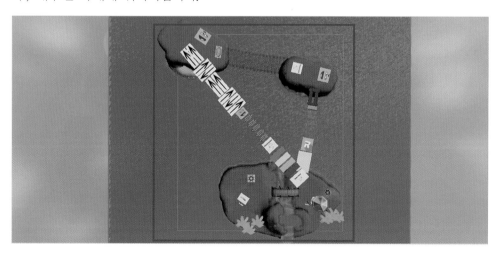

그림 3-77 'kill' 파트 만들기

02 파트의 이름을 'kill'로 변경한 후 [속성] 창에서 'Transparency(투명도)'를 '0.8'로 변경합니다.

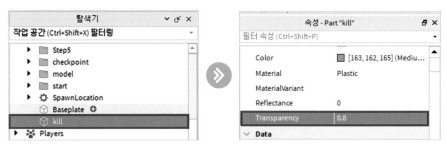

그림 3-78 kill 파트 속성 변경하기

03 바다에 떨어지면 플레이어가 죽고 게임을 새롭게 시작할 수 있도록 스크립트를 생성하여 아래와 같이 코드를 작성합니다.

스크립트(Script)

```
local kill = script.Parent

kill.Touched:Connect(function(hit)
    local hum = hit.Parent:FindFirstChild("Humanoid")
    if hit and hum then
        hit.Parent.Humanoid.Health = 0
    end
end)
```

리더보드 만들기

플레이어가 각 미션마다 아이템을 획득하면 획득한 아이템이 나타나는 리더보드를 제작해 봅니다. 리더보드는 스크립트를 추가할 수 있는 객체인 'ServerScriptService'에서 작성합니다. 여기에 추가한 스크립트는 서버가 시작되면 자동으로 실행됩니다.

01 [탐색기] 창 – 'ServerScriptService' – 'Script'를 추가합니다.

그림 3-79 리더보드 만들기

02 플레이어가 아이템을 획득하면 리더보드에 획득한 내용을 확인할 수 있도록 아래와 같이 코드를 작성합니다.

스크립트(Script)

```
local function onPlayerJoin(player)
    player.CharacterAdded:Connect(function(char)
        if not player:FindFirstChild("leaderstats") then
            local leaderstats = Instance.new("Folder")
            leaderstats.Name = "leaderstats"
            leaderstats.Parent = player

            local key1 = Instance.new("IntValue")
            key1.Name ="key1"
            key1.Value = 0
            key1.Parent = leaderstats

            local key2 = Instance.new("IntValue")
            key2.Name ="key2"
            key2.Value = 0
            key2.Parent = leaderstats

            local key3 = Instance.new("IntValue")
            key3.Name ="key3"
            key3.Value = 0
            key3.Parent = leaderstats
        end
    end)
end

game.Players.PlayerAdded:Connect(onPlayerJoin)
```

지금까지 로블록스에서 가장 많이 체험하였던 obby 게임을 직접 만들어 보았습니다. 반드시 책에 나오는 이미지만 사용해야 하는 것은 아닙니다. 무한한 상상력을 가지고 우리 친구들이 자유롭게 만들어 보는 것을 권장합니다. 완성된 예제 게임은 로블록스 홈페이지에 탑재되어 있습니다.

https://www.roblox.com/games/10472483700/obby

그림 3-80 Obby 게임 만들기 공유 화면

CHAPTER 4

레이싱 게임

로블록스로 만드는 세 번째 게임은 '자동차 레이싱 게임'입니다.
로블록스 스튜디오에서 제공하는 템플릿과 이미 제작되어 있는 스크립트 및
모델들을 사용하면, 보다 다양한 게임을 만들 수 있습니다.
자동차 레이싱에 필요한 자동차를 직접 제작해 보고,
레이싱을 하기 위해 필요한 것들을 구현해 보겠습니다.

레이싱 게임 만들기

레이싱 자동차 만들기

레이싱 경주장 맵을 제작하기 전에 먼저 레이싱에 필요한 자동차를 만들어 보도록 하겠습니다. 도구 상자에서 'Car'를 검색하면 다양한 종류의 자동차가 검색되는 것을 확인할 수 있습니다. 도구 상자에서 불러와 사용하는 것도 하나의 방법이지만 이번에 우리는 직접 자동차를 제작하는 과정을 배워 보도록 하겠습니다. 직접 만들기 어렵다면 도구 상자에서 마음에 드는 자동차를 불러와서 사용해도 무방합니다.

여기서는 'CarKit'를 이용하여 직접 자동차를 제작해 봅니다. 파일은 실습 파일로 제공되니 이를 사용하길 바랍니다.

파일명: CarKit(예제).rblx

01 'CarKit'를 로블록스 스튜디오에 불러오면 다음과 같은 부품들을 확인할 수 있습니다.

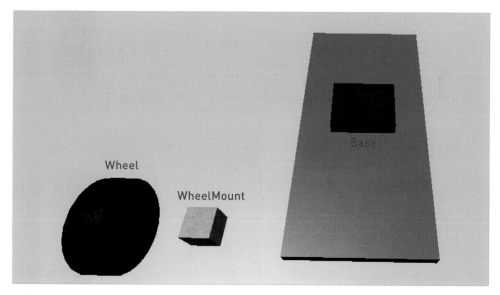

그림 4-1 자동차 제작 KIT

02 [모델] 탭 – [제약 세부 사항]을 선택하여 활성화하면 '바퀴', '휠마운트'에 부착물 (Attachment)이 활성화되는 것이 확인됩니다.

그림 4-2 부착물(Attachment)이 활성화된 모습

03 바퀴가 회전할 수 있도록 물리 제약 조건 중 '원통(Cylindrical)'을 선택합니다. '원통' 은 각기둥과 기능은 비슷하지만 바퀴가 굴러갈 수 있는 회전 기능이 있습니다.

그림 4-3 '원통(Cylindrical)' 선택

04 휠 마운트의 부착물을 선택한 후 바퀴의 부착물을 선택하면 '원통' 제약이 연결됩니다.

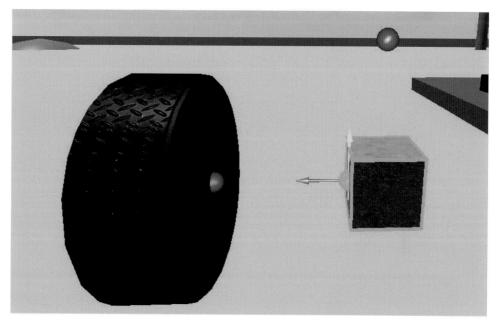

그림 4-4 부착물 연결 방법

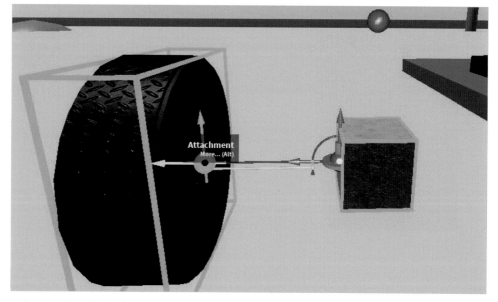

그림 4-5 부착물 연결 방법

05 바퀴가 방지턱이나 장애물을 통과할 때 충격을 흡수할 수 있도록 구현해야 합니다. 바퀴가 위아래로 움직일 수 있도록 '원통' 제약의 위로 향해 있는 갈색 축이 바퀴 쪽을 향하도록 만들어 보겠습니다. [탐색기] 창에서 'WheelMount(휠마운트)' -'CylindricalConstraint(원통)'를 선택한 후, [속성] 창의 'AngularActuatorType'을 'Motor'로, 'InclinationAngle'을 '90'으로 변경하면 아래와 같이 방향이 바뀌는 것을 확인할 수 있습니다.

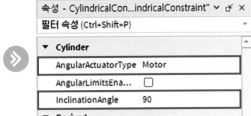

그림 4-6 원통 속성 변경 방법

그림 4-7 원통 변경 완료 모습

06 바퀴가 위아래로 움직일 수 있는 한계를 정해 보겠습니다. 먼저 [속성] 창의 'Slider' – 'LimitsEnabled'를 활성화하면 위에 'Limits' 메뉴가 생성됩니다. 'LowerLimit' 속성과 'UpperLimit' 속성값을 각각 '–1'과 '1'로 변경합니다.

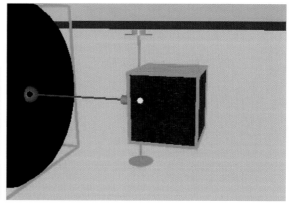

그림 4–8 'Slider' 속성 변경하기

• LowerLimit: 어떤 부분의 크기로 실측했을 때 허용되는 최소의 치수
• UpperLimit: 어떤 부분의 크기로 실측했을 때 허용되는 최대의 치수
• LimitsEnabled: 오차 범위의 값을 설정할 수 있도록 허용

07 용수철 제약 객체를 사용하여 지형의 울퉁불퉁함에 의해 나오는 진동을 흡수할 수 있도록 구현합니다. 용수철로 바퀴를 지탱하면 외부의 충격을 흡수하여 차체를 안정적으로 유지할 수 있습니다. 물리 제약 조건 중 '용수철(Spring)'을 선택합니다.

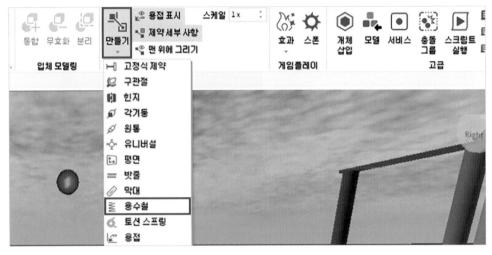

그림 4-9 '용수철(Spring)' 설정 방법

08 휠 마운트 위에 있는 부착물을 먼저 선택한 후 바퀴에 있는 부착물을 선택합니다.

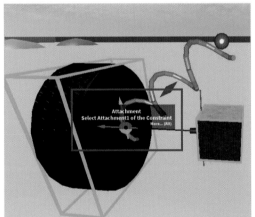

그림 4-10 용수철과 부착물 연결 방법

09 부착된 용수철을 선택한 후 [속성] 창에서 'Damping', 'FreeLength', 'Stiffness'의 값을 각각 '400', '2.2', '30000'으로 변경합니다.

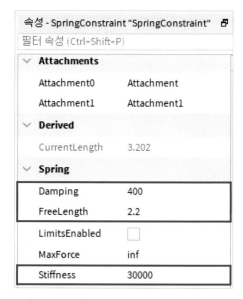

그림 4-11 용수철 속성값 변경

용수철 객체의 속성
- Damping: 용수철의 힘을 줄이기 위해 사용되는 값으로 이 값이 커지면 용수철의 떨림이 적고 안정됩니다. 반대로 값이 작아지면 용수철의 떨림이 많아져 안정이 되는 데 시간이 걸립니다.
- FreeLength: 용수철에 아무 힘이 주어지지 않았을 때의 길이
- Stiffness: 용수철의 힘

10 바퀴와 휠 마운트를 부착하기 위해 휠 마운트를 선택한 후 바퀴 쪽으로 이동합니다. 바퀴와 휠 마운트를 드래그한 후 [홈] 탭 – [그룹]을 선택하여 하나의 개체로 그룹화합니다.

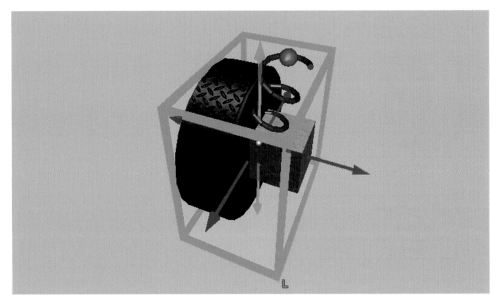

그림 4-12 바퀴 + 휠 마운트를 모델로 그룹화 설정

11 그룹화한 바퀴 유닛을 'Base' 파트로 이동하여 연결합니다.

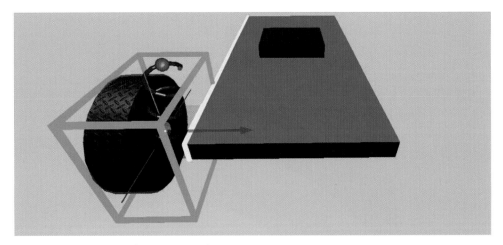

그림 4-13 바퀴 모델을 'Base' 파트로 이동하기

12 바퀴를 복제하여 자동차 하판을 완성한 후 [탐색기] 창에서 개체 이름을 다음과 같이 변경합니다.

그림 4-14 개체 이름 변경하기

13 뒤쪽 바퀴는 동력만 제공하기 때문에, 용접 제약을 사용하여 휠 마운트 개체를 'Base' 파트에 고정해 보겠습니다. [모델] 탭 – [만들기] – [용접(Weld)]을 선택합니다.

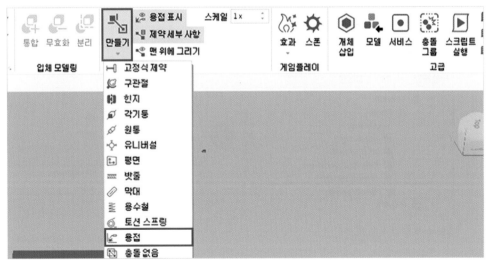

그림 4-15 용접 선택 방법

14 'WheelBR'을 선택한 후 'Base'를 선택하고, 같은 방법으로 'WheelBL'을 선택한 후 'Base'를 선택합니다.

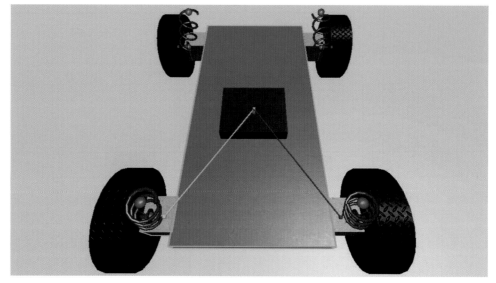

그림 4-16 용접 연결하기

15 용접이 완료되면 [탐색기] 창의 'WeldConstraint(용접 제약)'를 선택 후, [속성] 창에서 'Part0'과 'Part1'이 제대로 제대로 연결되어 있는지 확인합니다. 뒷바퀴 두 개 모두 [속성] 창에서 연결이 잘 되어 있는지 확인합니다.

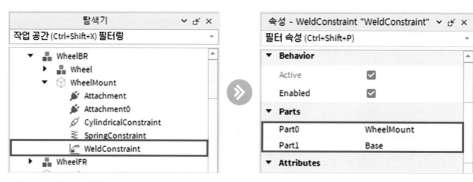

그림 4-17 용접 속성 창 변경

16 앞쪽 바퀴는 뒷바퀴처럼 용접으로 처리하지 않고 '힌지(Hinge)'를 사용하여 연결합니다. 그렇게 하면 플레이 시 키보드의 값을 입력받아 좌우로 방향을 바꿀 수 있습니다. [모델] 탭 – [만들기] – [힌지(Hinge)]를 선택합니다.

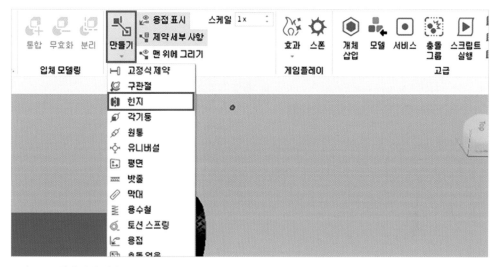

그림 4-18 힌지 선택 방법

17 'WheelFR'의 휠 마운트를 선택한 후 'Base'를 선택하고, 같은 방법으로 'WheelFL'의 휠 마운트를 선택하고 'Base'를 선택합니다.

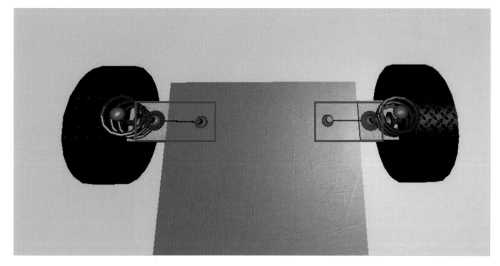

그림 4-19 바퀴 + Base 힌지 연결 방법

18 선택한 두 파트의 [속성] 창에서 'ActuatorType(힌지의 타입)'은 'Servo'로 변경하고, Servo의 속성값을 다음과 같이 변경합니다.

그림 4-20 힌지 속성값 변경

Hinge 타입 중 'Motor'는 회전하는 각도 설정 없이 시계 방향, 시계 반대 방향으로 360도 회전하는 방식이고, 'Servo'는 회전하는 각도를 설정하여 그 각도만큼만 회전할 수 있도록 하는 방법입니다.

· AngularResponsiveness: 회전하는 각도
· AngularSpeed: 회전하는 속도
· ServoMaxTorque: 회전하는 최대 물리량
· TargetAngle: 표적 각도

19 'WheelFR'과 'WheelFL'의 부착물(Attachment0)을 선택하여 'Base'의 부착물과 겹치게 배치합니다.

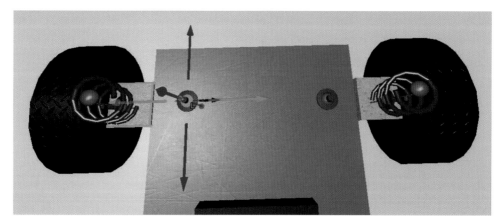

그림 4-21 부착물 배치 방법

20 작업이 완료되면 [플레이] 버튼을 클릭하여 자동차가 잘 움직이는지 확인해 봅니다. 만약 자동차가 잘 움직이지 않는다면 아래와 같은 사항을 확인하여 봅니다.

> **NOTE**

　·바퀴가 움직이지 않아요.

'표면 결합(Weld)' 기능 때문에 자동으로 Weld 개체에 고정될 수 있습니다. 표면 결합 기능을 해제하고 작업합니다.

　·자동차가 매우 떨려요

휠 마운트 개체와 용수철이 제대로 결합되어 있는지 확인합니다. 그리고 용수철 파트의 'CanCollide' 속성을 비활성화합니다.

21 자동차를 움직이는 스크립트 소스는 로블록스 개발자 사이트에서 공유하고 있습니다. 그리고 지금 다운로드받은 'CarKit' 파일에도 이미 스크립트를 제공하고 있습니다. 스크립트에서 최대 속도 및 회전 값 등을 수정하여 사용할 수 있습니다.

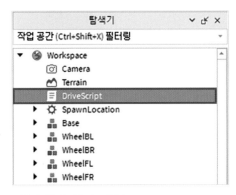

그림 4-22 CarKit 스크립트

22 자동차의 본체를 실습 파일에서 불러옵니다

파일명: 자동차본체.rbxm

그림 4-23 자동차 본체 파일 불러오기

23 자동차 'Base'와 연결하기 위해 [탐색기] 창에서 'Vehicle' – 'WeldConstraint'를 선택 후, 자동차 본체와 자동차 'Base'를 선택하여 연결합니다(연결은 정확한 위치에 상 관없이 본체와 'Base'가 연결될 수만 있도록 합니다).

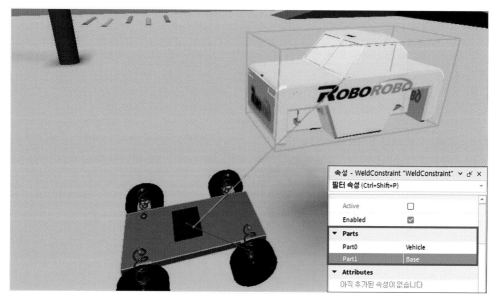

그림 4-24 자동차 'Base' + 자동차 본체 용접 연결

24 연결된 자동차 본체를 이동하여 'Base' 위에 배치하여 자동차를 완성합니다. [플레 이]를 하여 자동차가 잘 움직이는지 확인해 봅니다.

그림 4-25 자동차 완성 모습

25 자동차를 하나의 그룹으로 만들기 위해 [탐색기] 창에서 자동차 제작에 사용한 개체들을 모두 선택합니다.

그림 4-26 자동차 개체 그룹화 설정하기

26 [홈] 탭 - [모델로 그룹화]를 선택하여 하나의 개체로 그룹화합니다. 또는 [탐색기] 창에서 마우스 오른쪽 버튼을 클릭하여 그룹 설정을 할 수도 있습니다.

그림 4-27 모델로 그룹화 방법

27 그룹화된 자동차 개체의 이름을 'Car'로 변경합니다.

그림 4-28 'Car' 그룹화 완성

모델 저장하기

우리가 만든 자동차 모델을 저장하면 다른 프로젝트에서도 사용이 가능합니다. 모델 전체를 제작해도 되고 각각의 개체들을 하나하나 나누어서 저장할 수도 있습니다. 저장하는 방법은 파일로 저장하는 방법, Roblox 서버에 바로 저장하는 방법 등 다양한 방법이 있습니다.

[탐색기] 창에서 'Car(자동차)' 개체를 마우스 오른쪽 버튼으로 클릭하면 저장 가능한 종류가 나타납니다. 원하는 방법으로 저장합니다.

그림 4-29 자동차 개체 저장 방법

- **로컬에 파일로 저장하기**

  'rbxm'이라는 파일 확장자로 PC에 저장됩니다.

- **Roblox에 저장하기**

  로블록스 서버에 저장합니다. 인벤토리에 추가되어 사용이 가능하고 아이디가 발급되어 다른 사람에게 아이디를 전달해 주면 이를 사용할 수 있습니다.

- **플러그인으로 게시**

  플러그인으로 저장하면 다른 사람들이 도구 상자에서 검색해 사용할 수 있습니다. 자신의 모델을 다른 사람들에게 배포하고 싶을 때 사용합니다.

경주 맵 생성하기

자동차 레이싱 경주 맵은 별도로 제작해도 좋지만, 로블록스 스튜디오에서 제공하는 템플릿을 활용하여 맵을 제작할 수도 있습니다. 하지만 불필요한 내용들을 삭제해야 하는 번거로움이 있습니다.

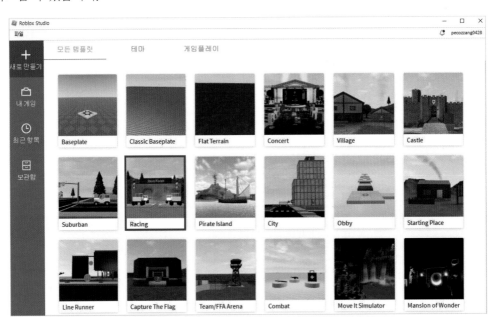

그림 4-30 로블록스 스튜디오 메인 화면

우리는 'Suburban' 템플릿을 기본으로 사용하되, 불필요한 부분들을 삭제하여 사용하고자 합니다. 템플릿을 수정하여 실습 파일에 탑재하였으니 이 파일을 사용하도록 합니다.

파일명: 자동차경주맵.rbxl

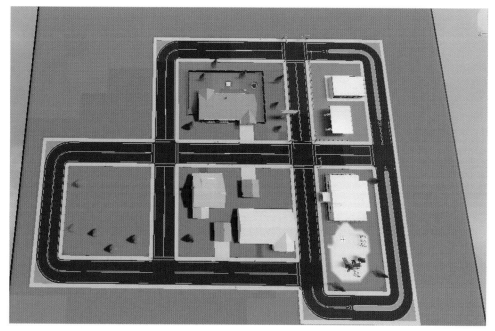

그림 4-31 자동차 경주맵 파일 불러오기

레이싱 출발점, 도착점 설정하기

자동차 레이싱을 할 수 있는 경기장과 자동차는 제작이 완료되었습니다. 이제 레이스를 시작하는 출발점과 도착할 결승선을 만들어야 합니다. 레이스의 출발점과 도착점은 같은 장소로 지정합니다.

01 실습 파일에서 시작점 및 도착점 모델을 불러온 후 자유롭게 출발 지점을 설정합니다.

파일명: 포인트.rbxm

그림 4-32 포인트 파일 불러오기

02 스타트 신호를 주는 신호등을 실습 파일에서 불러온 후 포인트 모델 기둥에 부착합니다.

파일명: 신호등.rbxm

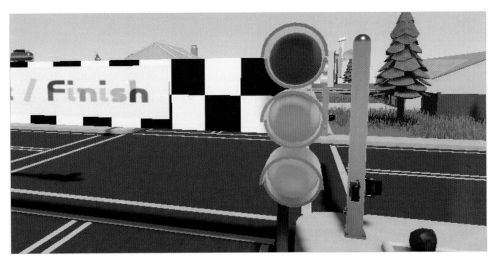

그림 4-33 신호등 파일 불러오기

03 자동차 경주 시작을 알리는 신호를 주기 위해 신호등 모델에 스크립트 개체를 추가하고 아래와 같이 코드를 작성합니다.

스크립트(Script)

```
local RaceManager = require(391925754)

--신호 라이트, 사운드 지역 정의하기
local lightModel = script.Parent
local redLight = lightModel.RedModel.LightBulb
local yellowLight = lightModel.YellowModel.LightBulb
local greenLight = lightModel.GreenModel.LightBulb
local beepSound = lightModel.BeepSound

--신호 라이트가 on/off일 때 재질과 전구의 조명 밝기 설정하기
local function turnOnLight(lightBulb)
    lightBulb.Material = Enum.Material.Neon
    lightBulb.PointLight.Enabled = true
end

local function turnOffLight(lightBulb)
    lightBulb.Material = Enum.Material.Plastic
    lightBulb.PointLight.Enabled = false
end

--라이트가 모두 실행되면 초기화하기
local function resetLights()
    turnOffLight(redLight)
    turnOffLight(yellowLight)
    turnOffLight(greenLight)
end

--신호 사운드 정의하기
local function playBeep(pitch, duration)
    spawn(function()
        beepSound.Pitch = pitch
        beepSound:Play()
        wait(duration)
```

```
            beepSound:Stop()
      end)
end

--라이트가 먼저 켜지고 난 후 소리가 송출되도록 작성하기
local function runLightSequence()
      wait(RaceManager:GetIntermissionDuration() - 2)
      turnOnLight(redLight)
      playBeep(0.25, 0.75)
      wait(1)

      turnOnLight(yellowLight)
      playBeep(0.25, 0.75)
      wait(1)

      turnOnLight(greenLight)
      playBeep(0.5, 0.75)
end

--경기가 끝나면 초기화하기
RaceManager.RaceFinished:connect(resetLights)
RaceManager.IntermissionStarted:connect(runLightSequence)  --경기가 진행되는 동안 적용하기
```

04 출발 신호를 받으면 레이스가 시작되고, 레이스가 끝나면 가장 먼저 도착한 플레이어를 알려 주며, 레이스 시간을 확인하기 위한 파트를 제작해야 합니다. 이 파트는 트랙을 충분히 커버하는 크기로 만들고, 게임에 방해가 되지 않도록 투명하게 변경해야 합니다. [홈] 탭 – [파트] – [블록]을 생성하여 크기를 트랙 크기만큼 변경하고 투명도를 '0.7'로 변경한 후, [속성]창에서 'CanCollide'를 해제합니다. 그리고 파트 이름을 'Start/Finish_point'로 변경합니다.

그림 4-34 Start/Finish 파트 제작하기

05 'Workspace'에서 'CheckPoint' 폴더를 생성하고 'SingPoint'와 'Start/Finish_point'를 폴더로 이동합니다. 앞으로 생성하는 체크포인트는 이 폴더로 이동하여 정리합니다.

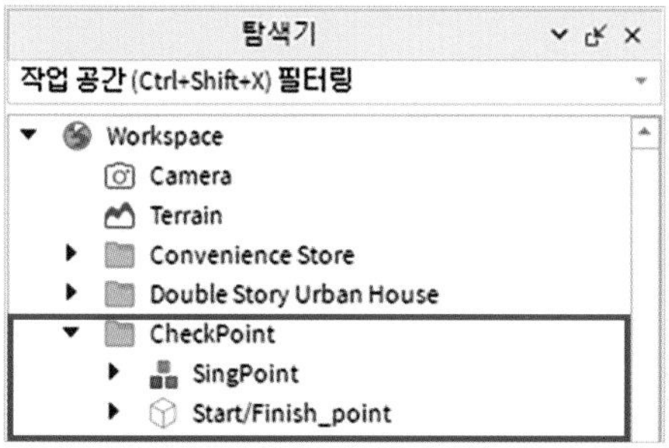

그림 4-35 폴더 만들기

06 'Start/Finish_point' 파트에 스크립트를 두 개 생성하여 이름을 'Start', 'Finish'로 변경하고 아래와 같이 코드를 작성합니다.

① Start 스크립트

```
local RaceManager = require(391925754)                --게임 환경이 구축되었는지 확인합니다
RaceManager:RegisterCheckpoint(script.Parent)         --체크포인트를 등록합니다
RaceManager:SetStartCheckpoint(script.Parent)         --시작 체크포인트를 설정합니다
script.Parent.Transparency = 1                         --경주가 시작되면 투명도를 1로 설정합니다
```

② Finish 스크립트

```
local RaceManager = require(391925754)                --게임 환경이 구축되었는지 확인합니다
RaceManager:RegisterCheckpoint(script.Parent)         --체크포인트를 등록합니다
RaceManager:SetFinishCheckpoint(script.Parent)        --도착 체크포인트를 설정합니다
script.Parent.Transparency = 1                         --경주가 시작되면 투명도를 1로 설정합니다
```

체크포인트 구현하기

레이스가 시작되면 자동차들이 트랙을 따라 돌고 출발선이자 결승선을 먼저 통과하는 플레이어가 승리를 합니다. 자동차들이 역주행하거나 지름길로 가지 못하도록 체크포인트를 설정해 보겠습니다. 체크포인트는 투명하게 설정하여 레이스 중에는 보이지 않지만, 트랙 곳곳에 배치한 체크포인트를 모두 터치한 플레이어만이 결승선을 통과하여 결과를 볼 수 있습니다.

01 [홈] 탭 – [파트] – [블록]을 생성하여 원하는 지점에 체크포인트를 1개 배치합니다.

그림 4-36 체크포인트 만들기

02 파트 이름을 'Checkpoint'로 변경하고 앞서 만들어 놓은 'CheckPoint' 폴더로 이동
합니다.

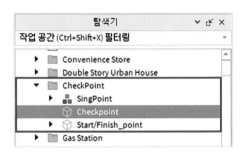

그림 4-37 체크포인트 폴더 정리하기

03 'Checkpoint' 파트에 스크립트 개체를 추가하고 게임이 시작되면 체크포인트가 투명해지도록 아래와 같이 코드를 작성합니다.

```
local RaceManager = require(391925754)          --게임 환경이 구축되었는지 확인합니다
RaceManager:RegisterCheckpoint(script.Parent)   --체크포인트를 등록합니다
script.Parent.Transparency = 1                   --경주가 시작되면 투명도를 1로 설정합니다
```

04 완성된 'Checkpoint' 파트를 트랙 곳곳에 3~4개 정도 복제하여 배치합니다.

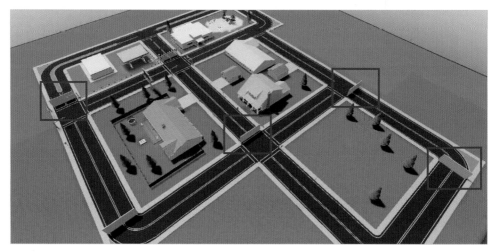

그림 4-38 체크포인트 복제하여 배치하기

05 'Checkpoint' 배치가 끝나면 트랙의 경로를 알려 주기 위한 안내판을 배치합니다. 도구 상자에서 'arrow'를 검색해서 배치합니다. 'arrow'는 특별한 코드를 발생하지 않고 길 안내만 하므로 스크립트가 있는 모델을 선택하였다면 스크립트를 삭제하고 mesh만 사용하도록 합니다.

그림 4-39 경로 안내하기

06 'Workspace'에 'Arrow' 폴더를 생성하고 복제한 'arrow' 파트를 이 폴더에 정리합니다.

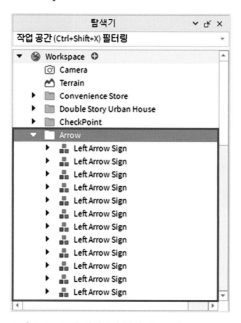

그림 4-40 폴더 생성하여 파일 정리하기

자동차 배치하기

플레이를 실행하면 경주에 참여할 수 있는 자동차를 선택하여 경주를 진행할 수 있도록 자동차를 배치합니다. 게임이 종료되거나 경주 시간 오버로 게임이 리셋될 경우, 시작 위치에 다시 자동차가 나타날 수 있도록 합니다.

01 경주가 끝나거나 타임 오버가 되었을 때 기존의 차량을 삭제하고 새로 게임을 시작할 수 있도록 실습 파일에서 개체를 불러와서 배치합니다. 파트 안에는 자동차를 초기화하여 배치할 수 있는 스크립트가 이미 내장되어 있습니다.

파일명: SpawnPad.rbxm

그림 4-41 'SpawnPad' 파일 배치하기

02 'SpawnPad'를 복제하여 배치하면 게임에 여러 명의 참가자가 플레이를 동시에 진행할 수 있게 됩니다.

그림 4-42 'SpawnPad' 파일 복제하기

03 'Workspace'에 'CarSpawners' 폴더를 생성하고 복제한 'SpawnPad' 파트를 모두 폴더로 이동합니다.

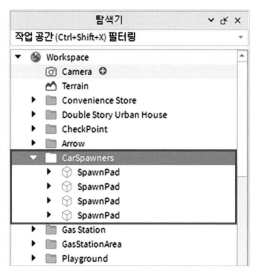

그림 4-43 'SpawnPad' 파트 폴더로 정리하기

04 4개의 'SpawnPad' 파트를 선택한 후 [속성] 창에서 'Transparency(투명도)'를 '1'로 설정하여 파트를 투명하게 변경해 줍니다.

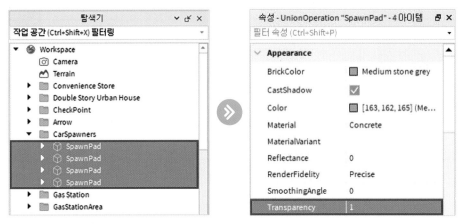

그림 4-44 'SpawnPad' 투명하게 만들기

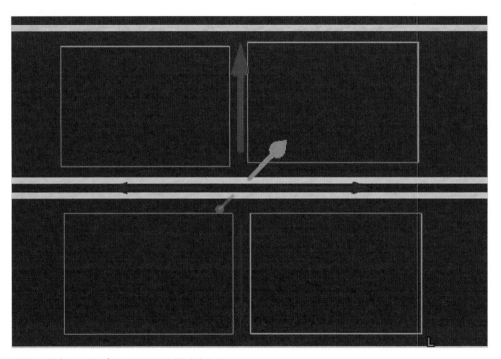

그림 4-45 'SpawnPad'의 투명 작업이 완성된 모습

05 앞서 제작하여 저장한 자동차 파일을 불러옵니다.

파일명: 자동차.rbxm

그림 4-46 자동차 파일 불러오기

06 자동차를 복제하여 'SpawnPad' 위에 배치한 후 파트 이름을 'Car1', 'Car2', 'Car3', 'Car4'로 변경합니다.

그림 4-47 자동차 복제하여 배치하기

07 'Workspace'에 'Car' 폴더를 생성하고 복제한 'Car' 모델들을 이동하여 정리해 줍니다.

그림 4-48 자동차 폴더 생성하여 모델 정리하기

08 전체적인 게임을 컨트롤할 수 있는 코드를 생성하도록 하겠습니다. [탐색기] 창
 –'SeverScriptService'에 스크립트 개체를 생성하고 이름을 'GameController'로 정합
 니다. 게임의 시작을 알리는 신호 및 참석 인원을 알려 줄 수 있도록 아래와 같이
 코드를 입력합니다.

스크립트(Script)

```lua
--모듈 스크립트 사용
local RaceManager = require(391925754)
RaceManager:SetDebugEnabled(false)          --디버그 설정 사용
RaceManager:SetIntermissionDuration(15)     --준비 시간을 15초로 설정합니다


--게임 시작 안내하기
local function pushNotificationForPlayer(player, message, duration)
     --화면에 게임 시작 알림 및 참여하는 멤버 안내 Gui 생성
     local notificationFrameContainer = player.PlayerGui.RaceNotificationScreen
     :FindFirstChild("NotificationFrameContainer")
     --프레임 크기, 위치, 텍스트를 설정합니다
     local notificationFrame = Instance.new("TextLabel", notificationFrameContainer)
     notificationFrame.Size = UDim2.new(1, 0, 1, 0)
     notificationFrame.Position = UDim2.new(0, 0, -1, 0)
     notificationFrame.Text = message
     for i, frame in ipairs(notificationFrameContainer:GetChildren()) do
          frame.Position = frame.Position + UDim2.new(0, 0, 1, 0)
     end
     delay(duration, function()
          --일정 시간이 흐르면 프레임이 서서히 투명해지면서 사라집니다
          for i = 1, 30 do
               notificationFrame.BackgroundTransparency = i / 30
               notificationFrame.TextTransparency = i / 30
               wait()
          end
          notificationFrame:Destroy()
     end)
end
```

로블록스의 스크립트 알아보기

로블록스 스튜디오에서 개체를 자유롭게 움직이고, 점수판을 만들고, Gui를 실행하는 등 다양한 활동을 할 수 있는데, 이는 모두 로블록스 스튜디오 내에서 스크립트(Script) 객체를 사용해서 제작합니다. 스크립트를 실행하는 루아(Lua) 코드가 들어 있는 저장소라고 생각하면 됩니다.

로블록스에서는 크게 세 가지 스크립트를 제공합니다. 이 중 우리는 서버 스크립트를 많이 사용하고 있습니다.

1. 로컬 스크립트

로컬 스크립트는 주로 플레이어에게만 영향을 끼칩니다. 예를 들어 버튼이 눌렸는지 눌리지 않았는지 등 플레이어에게만 적용되는 부분을 담당합니다.

2. 서버 스크립트

게임 내의 로직이나 중요한 요소 대부분은 서버 스크립트라고 생각하면 됩니다. 서버 스크립트는 우리가 만들 스크립트를 여러 플레이어가 다 같이 플레이할 수 있도록 해 줍니다. 즉, 서버 스크립트는 일종의 게임 로직입니다. 게임 진행 상태의 저장, 점수 업데이트, 아이템 관련 등 모든 유저가 공유해야 하는 정보를 담당합니다.

3. 모듈 스크립트

직접 실행되지 않고, 서버 스크립트나 로컬 스크립트 안에서 사용됩니다.

Local Script　　　　Server Script　　　　Module Script

09 게임 시작을 알리는 '경주 알림 화면'을 생성하기 위해 'GameController' 스크립트에 아래와 같이 코드를 추가합니다.

스크립트(Script)

```
local function pushNotification(message, duration)
    for _, player in ipairs(game.Players:GetPlayers()) do
        pushNotificationForPlayer(player, message, duration)
    end
end


--게임이 곧 시작된다는 알림 프레임을 생성합니다
local function onPlayerAdded(player)
    local playerGui = player:WaitForChild("PlayerGui")
    local raceNotificationScreen = Instance.new("ScreenGui", playerGui)
    raceNotificationScreen.Name = "RaceNotificationScreen"
    local notificationFrameContainer = Instance.new("Frame", raceNotificationScreen)
    notificationFrameContainer.Name = "NotificationFrameContainer"
    notificationFrameContainer.BackgroundTransparency = 1
    notificationFrameContainer.BorderSizePixel = 0
    notificationFrameContainer.Size = UDim2.new(0.3, 0, 0.1, 0)
    notificationFrameContainer.Position = UDim2.new(0.35, 0, 0, 0)
end


--경주가 시작되었습니다
RaceManager.RaceStarted:connect(function()
    pushNotification("Race started!", 3)
end)
```

10 제일 처음 종료 지점에 플레이어가 도착하면 게임이 종료됨을 선언하고 승리한 플레이어를 나타냅니다. 그리고 레이스가 끝나면 잠시 후 모든 캐릭터는 다시 처음으로 돌아갈 수 있도록 아래와 같이 코드를 추가합니다.

스크립트(Script)

```lua
--경기가 끝났을 때
RaceManager.RaceFinished:connect(function(player)
    local message = "Race over. "            --플레이어가 종료점에 도착하면 화면에 나타납니다
    if player then
        message = message .. player.Name .. " won!"    --경주에서 이긴 플레이어 화면에 나타내기
    else
        message = message .. " Ran out of time       --경주 시간 알려 주기
    end

    --알림 메시지를 5초간 보여 줍니다
    pushNotification(message, 5)
    wait(5)

    --경기는 종료되고 모든 플레이어는 다시 처음 위치로 돌아갑니다
    for _, player in ipairs(game.Players:GetPlayers()) do
        player:LoadCharacter()
        if game.StarterGui.ResetPlayerGuiOnSpawn then
            onPlayerAdded(player)
        end
    end
end)
```

11 시간을 알려 주는 값을 설정하기 위해 아래와 같이 코드를 이어서 입력합니다.

스크립트(Script)

```
--게임 시작 알림
RaceManager.IntermissionStarted:connect(function()
    local intermissionDuration = RaceManager:GetIntermissionDuration()
    wait(intermissionDuration / 2)
    pushNotification("Race starting soon!", intermissionDuration / 4)
end)

RaceManager.LapFinished:connect(function(player, lap, duration)
    local shortDuration = math.floor(tonumber(duration) * 1000) / 1000
    pushNotification(player.Name .. " finished lap " .. lap .. "/" .. RaceManager:Get-
    NumLaps() .. " in " .. shortDuration .. " seconds", 2)
end)

for _, player in ipairs(game.Players:GetChildren()) do
    onPlayerAdded(player)
end

game.Players.PlayerAdded:connect(onPlayerAdded)
```

• GameController 스크립트는 로블록스 스튜디오 'Racing' 게임에서 제공하는
  스크립트를 사용하였습니다.
• 스크립트는 직접 하나하나 입력하는 것보다 로블록스 스튜디오에서 제공하는 다
  양한 예제 파일을 사용하면 더 쉽고 재미있게 게임을 제작할 수 있습니다.

지금까지 제작한 게임을 테스트해 보고 제대로 실행되는지 확인해 봅니다.

이상으로 기본적인 레이싱 게임을 제작해 보았습니다. 물론 더 많은 기능을 추가할 수 있습니다. 여러분 스스로가 생각하는 기능들을 추가하여 새로운 게임으로 바꿔 보는 것을 추천합니다. 완성된 예제 게임은 로블록스 홈페이지에 탑재되어 있습니다.

https://www.roblox.com/games/10780719048/unnamed

그림 4-49 레이싱 게임 만들기 공유 화면

CHAPTER 5

부록

CHAPTER 5에서는 로블록스 게임에 생동감을 주기 위한
캐릭터 의상 만들기와 음악 삽입 그리고 그림자를 없애는 방법을
알아보려고 합니다. 쉽게 따라 할 수 있으니
내가 만든 게임에 생동감을 한번 불어넣어 볼까요?

티셔츠 만들기

로블록스에서는 의상을 자유롭게 제작하여 플레이어에게 나만의 옷을 입힐 수 있습니다. 플레이어에게 입힐 수 있는 옷의 종류는 티셔츠, 셔츠, 바지 3가지입니다. 티셔츠는 이미지 업로드로 간단히 제작이 가능하지만, 셔츠와 바지는 템플릿을 사용해야 한다는 것이 제작할 때 유의할 점입니다.

01 로블록스 사이트에 접속하여 왼쪽 카테고리에 '아바타'를 클릭합니다.

그림 5-1 로블록스 사이트에서 '아바타' 선택하기

02 아바타 편집기가 나오면 '복장' – '티셔츠'를 선택합니다.

아바타 편집기
아바타 상점에서 더 많은 복장을 찾아보세요!
더 보기
최근
코스튬
복장
장신구
신체
애니메이션
상의
티셔츠
셔츠
스웨터
겉옷
재킷
하의
바지
반바지
원피스 및 치마
신발
왼쪽 신발
오른쪽 신발
기본
기본 셔츠
기본 바지
기본 티셔츠
3D
체형
90%
여자 - 왼팔
여자 - 오른팔
Roblox 걸 - 왼다리
Roblox 걸 - 오른 다리
여자 - 몸통
ROBOROBO
아바타를 제대로 불러올 수 없다구요?
Advanced 다시 그리기

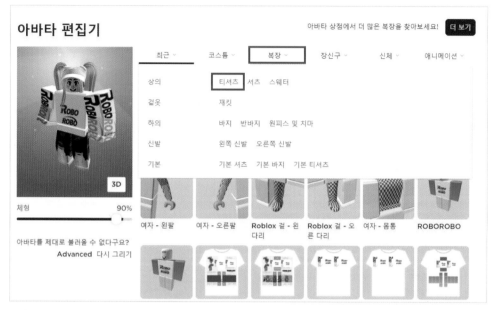

그림 5–2 아바타 편집기에서 '티셔츠' 선택하기

03 [만들기] 버튼을 클릭합니다.

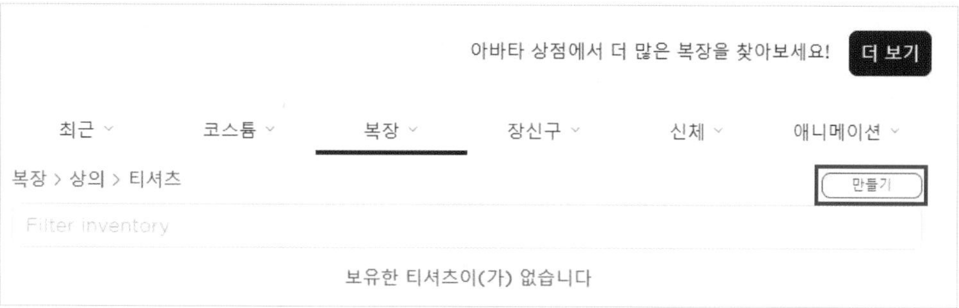

아바타 상점에서 더 많은 복장을 찾아보세요!
더 보기
최근
코스튬
복장
장신구
신체
애니메이션
복장 > 상의 > 티셔츠
만들기
Filter inventory
보유한 티셔츠이(가) 없습니다

그림 5–3 [만들기] 버튼 클릭

04 이미지 파일을 업로드할 수 있는 창이 나옵니다. [파일 선택] – [이미지 선택] – [Upload]를 하면 티셔츠 만들기가 완성됩니다.

그림 5-4 파일 업로드

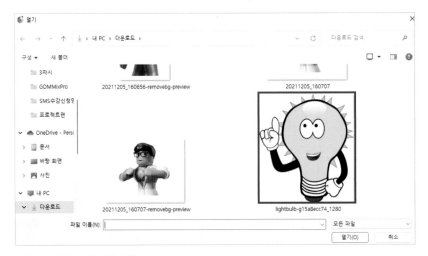

그림 5-5 업로드할 파일 선택

05 티셔츠 카테고리에 생성한 티셔츠가 보입니다. 하지만 바로 이미지가 생성되지 않고 로블록스에서 검토 후에 티셔츠 이미지가 나타납니다.

| My Creations | Group Creations | Creator Marketplace | Developer Exchange | Premium Payouts |

Experiences
Places
Models
Decals
Badges
Passes
Audio
Animations
Meshes
User Ads
Sponsored
Experiences
Shirts
T-Shirts
Pants

Create a T-Shirt
Don't know how? Click here

Find your image: [파일 선택] 선택된 파일 없음

T-Shirt Name: _____

[Upload]

T-Shirts

	lightbulb-g15a8ecc74_1280	Total Sales: 0	⚙ ▼
	Created 9/12/2022	Last 7 days: 0	
	20220909_232644	Total Sales: 0	⚙ ▼
	Created 9/12/2022	Last 7 days: 0	

그림 5-6 업로드 파일 확인

06 제작한 티셔츠를 클릭하면 티셔츠 이미지를 볼 수 있습니다. 티셔츠 판매도 가능하지만 판매를 하기 위해서는 Robux를 지불해야 하므로 추천하진 않습니다.

그림 5-7 제작한 티셔츠 이미지

셔츠 만들기

이번에는 셔츠를 만드는 방법을 알아보도록 하겠습니다. 셔츠 및 바지는 업로드 비용이 발생하므로 이 점은 참고하기 바랍니다.

01 '복장'–'셔츠'–[만들기] 버튼을 선택한 후, 'download it here'를 클릭하여 셔츠를 만들 수 있는 템플릿을 받습니다.

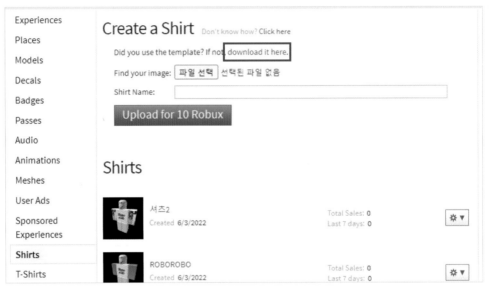

그림 5-8 셔츠 만들기

02 마우스 오른쪽 버튼을 클릭하여 템플릿을 저장합니다.

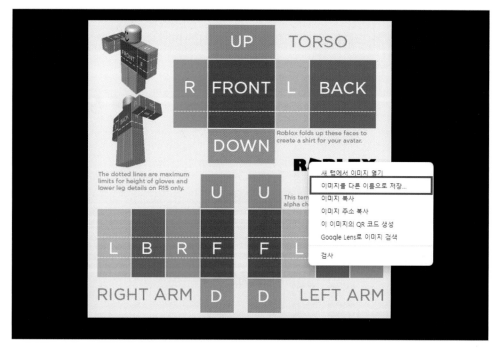

그림 5-9 템플릿 이미지 저장하기

03 그림판을 실행한 후 다운로드받은 템플릿을 불러 옵니다. 포토샵 프로그램이 있는 경우 포토샵에서도 가능하지만, 여기에서는 모든 컴퓨터에 이미 설치되어 있어 쉽게 사용 가능한 그림판을 기준으로 설명하겠습니다.

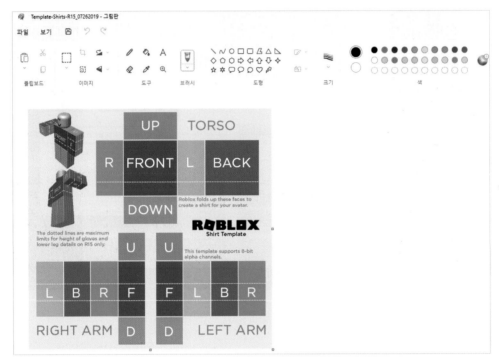

그림 5-10 그림판에서 수정하기

04 그림판의 페인트 툴로 'TORSO', 'ARM'을 원하는 색으로 변경합니다.

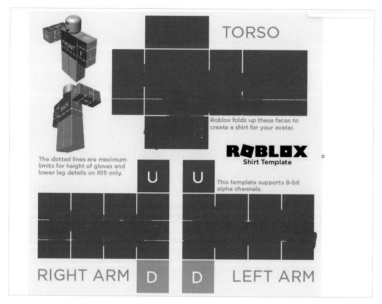

그림 5-11 그림판 페인트로 색칠하기

05 손목 부분을 만들고 싶으면 하단의 'D'를 드래그하여 삭제합니다.

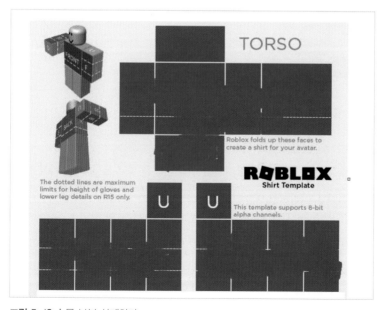

그림 5-12 손목 부분 삭제하기

06 그림판의 텍스트 툴을 선택한 후, 원하는 색상을 선택하여 셔츠 앞쪽에 글씨를 삽입합니다.

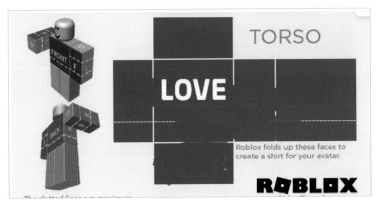
그림 5-13 티셔츠 앞면 텍스트 삽입하기

07 파일을 다른 이름으로 저장한 후 로블록스 사이트에서 파일을 불러옵니다. 파일을 선택했다면 'Upload for 10 Robux'를 클릭합니다.

그림 5-14 디자인한 티셔츠 업로드하기

로블록스에서는 특정 아이템을 업로드하거나 판매하려면 수수료를 지불해야 합니다. 셔츠, 바지의 경우는 업로드 수수료 '10Robux'가 발생하고 티셔츠의 경우 별도의 업로드 비용이 발생하지 않습니다. 필자는 단순히 셔츠, 바지의 업로드 방법을 알려 주는 것이므로 'Robux' 사용은 추천하지 않습니다.

08 'Upload for 10 Robux'를 선택하면 업로드 수수료 10Robux를 지불하고 셔츠가 업로드된 것을 확인할 수 있습니다.

그림 5-15 업로드 완료된 모습

배경 음악 넣기

로블록스에서 게임을 플레이하면 음악이 나오는 게임들이 있습니다. 배경 음악이 있는 게임과 배경 음악 없이 플레이어가 뛰는 소리만 들리는 게임 중 어떤 게임이 훨씬 더 흥미진진하고 몰입감을 줄까요? 이번에는 더 생동감 있고, 흥미진진한 게임을 만들 수 있도록 게임을 플레이할 때 음악이 재생되는 방법을 알아보겠습니다.

01 [도구 상자] – [오디오]를 선택하면 음향 효과, 음악 두 개의 카테고리가 나타납니다. 플레이어나 아이템에 음향 효과를 주고 싶다면 음향 효과를, 게임에 전체적인 배경 음악을 넣고 싶다면 음악에서 원하는 음악을 찾습니다.

그림 5-16 오디오 음향 효과 카테고리

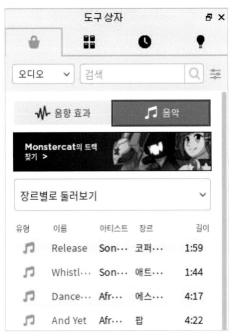

그림 5-17 오디오 배경 음악 카테고리

02 듣고 싶은 음악에 마우스를 올려 놓으면 플레이 버튼이 생성되고 플레이를 선택하면 음악 정보가 나오면서 음악이 재생됩니다. 해당 음악을 게임에 삽입하려면 [삽입] 버튼을 선택합니다.

그림 5-18 음악 삽입 방법

03 음악을 삽입하면 [탐색기] 창 – 'Workspace' 하위 목록에 음악 제목이 생성됩니다.

그림 5-19 음악 삽입 후 탐색기 배열

04 음악을 'SoundService' 아래로 드래그하여 이동한 후 [속성] 창에서 'Looped'를 활성화하면 게임을 플레이할 때 음악이 반복 재생됩니다. 'Playing'을 활성화하면 게임을 플레이할 때 자동으로 음악이 재생됩니다.

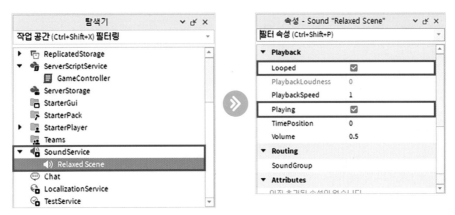

그림 5-20 자동 재생 설정 방법

05 음악을 설정하고 난 후 플레이를 실행하여 배경 음악이 재생되는지 확인해 보세요.

TIP 로블록스에서는 허가된 음악을 무료로 제공하고 있습니다. 불법으로 업로드된 음악을 다운받아서 사용할 경우 문제가 생길 수 있습니다. 음악을 다운로드할 때는 배포자가 누구인지 꼭 확인하고 사용해 주세요. '업로드한 사람: Roblox'의 음악은 안심하고 사용하여도 됩니다.

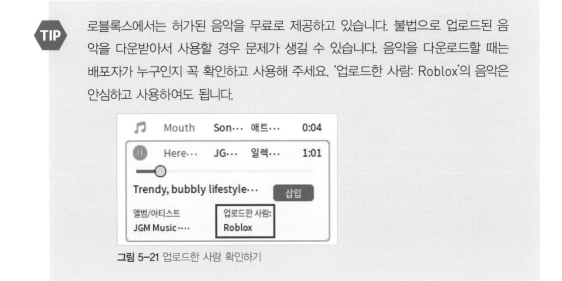

그림 5-21 업로드한 사람 확인하기

그림자 없애기

로블록스에서 게임을 만들 때 태양의 위치와 시간에 따라 파트나 플레이어에 그림자가 생기는 것을 확인할 수 있습니다. 그림자가 있으면 실제처럼 보이긴 하지만 그림자로 인해 오히려 게임에 방해가 될 수도 있습니다. 이번에는 그림자를 없애는 방법에 대해 알아보도록 하겠습니다.

01 점프 맵의 파트 아래로 그림자가 있는 것을 확인할 수 있습니다.

그림 5-22 그림자 생성 모습

02 [탐색기] 창의 'Lighting'을 선택한 후, [속성] 창에서 'GlobalShaow'를 비활성화하면 그림자가 사라집니다. 만약 그림자를 다시 만들고 싶다면 이를 활성화합니다.

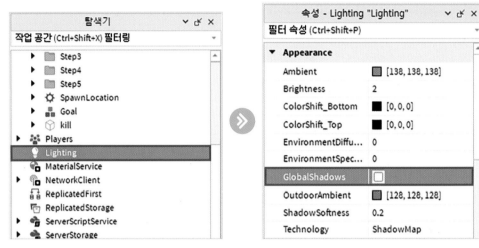

그림 5-23 그림자 없애는 방법

그림 5-24 그림자 삭제 후 모습

마무리

지금까지 로블록스 스튜디오를 활용하여 방 탈출 게임, Obby 게임, 자동차 레이싱 게임 제작까지 다양한 게임을 제작해 보았습니다. 직접 모델링을 하고, 스크립트도 작성하고, 다른 유저들이 제작한 도구를 활용하는 등 다양한 방법을 활용했습니다. 실습하면서 어려운 점이 있었다면 여러 번 반복해 보기를 추천합니다.

로블록스 스튜디오는 계속 변화합니다. 새롭게 업그레이드될 때마다 관심을 가지고 살펴보기 바랍니다. 앞으로 멋진 아이디어로 좋은 게임을 만들어 재미있는 게임을 하기를 희망하면서 이상 마치도록 하겠습니다. 메타버스 시대를 이끌어 가는 친구들이 되기를 바랍니다!

MEMO

로블록스로 만드는
나만의 상상 놀이터
프로젝트편

1판 1쇄 발행 2023년 3월 20일

저　　자 | ㈜로보로보
발 행 인 | 김길수
발 행 처 | ㈜영진닷컴
주　　소 | ㈜08507 서울 금천구 가산디지털1로 128
　　　　　 STX-V타워 4층 401호
등　　록 | 2007. 4. 27. 제16-4189호

©2023. ㈜영진닷컴

ISBN | 978-89-314-6795-6

YoungJin.com **Y.**
영진닷컴